SABRINA GERVINO

LA GENEALOGIA CHE LIBERA

Come Raggiungere Il Benessere Fisico Ed Emozionale Con La Lettura dell'Albero Genealogico E Le Costellazioni Familiari

Titolo

"LA GENEALOGIA CHE LIBERA"

Autore

Sabrina Gervino

Editore

Bruno Editore

Sito internet

http://www.brunoeditore.it

Sommario

Premessa

In questo libro presenterò gli strumenti che utilizzo per leggere un albero genealogico. Nello spiegare l'origine di un disagio, sintomo, malattia, non desidero antepormi ad una cura medica, ma far vedere il disturbo in una prospettiva diversa, dare strumenti e consigliare azioni che favoriscono la guarigione.

Nella parte dedicata alle 5 leggi biologiche sulla malattia, è mio scopo vederla dalla prospettiva del trauma scatenante e permettere di capirne l'origine e l'evoluzione sul piano biologico, ma anche personale, biografico e emozionale.

Nella parte relativa alle Costellazioni Familiari non voglio sostituirmi a scuole abilitate a questo insegnamento, ma illustrarvi i precetti di equilibrio e di armonia che potete utilizzare per migliorare la vostra vita.

In questo libro consiglio atti semplici e liberatori che i consultanti sono liberi di compiere; per gli atti e gli interventi più specifici è necessario un esame specifico dell'albero.

Comprendere dinamiche familiari sconosciute guarisce e dà al consultante una nuova chiave di conoscenza della propria famiglia, di se stesso e della propria vita.

Prefazione
(a cura di Alfio Bardolla)

Questo libro parla di un tema sottile e, purtroppo, poco trattato: quello della difficoltà a realizzarsi a causa di eventi transgenerazionali per lo più sconosciuti.

Com'è possibile che qualcuno riesca con una certa facilità a trovare la propria strada professionale e sentimentale mentre per altri ciò prenda i tratti di un'odissea piena di ostacoli? Com'è possibile che qualcuno goda di una salute totale e perfetta, sebbene conduca uno stile di vita non sempre ineccepibile, mentre altri, con una vita modello, siano di salute cagionevole?

Le origini, spiega l'autrice, stanno in eventi del passato della nostra famiglia di origine che hanno marchiato il nostro destino e che, inconsciamente, per fedeltà familiare, tendiamo a ricreare.

Pulire l'albero e riprogrammare certi *diktat inconsci sabotanti* scioglie le difficoltà e ci permette di condurre la vita che desideriamo proseguendo il nostro processo di crescita personale e spirituale.

Vi consiglio di fare quest'esperienza di lettura e di sanare il vostro albero per comprendere meglio voi stessi e restituirvi le energie di cui avete diritto per affrontare al meglio le sfide.

Come conoscitore della legge di attrazione, e essendo pratico di percorsi di spiritualità, considero importante sapere ciò che il nostro albero genealogico ci trasmette e credo che questo libro sia utile per capire meglio le dinamiche che stanno alla base del nostro successo o insuccesso personale.

Buona lettura
Alfio Bardolla

Ringraziamenti

Questo è un libro sulla gratitudine. È nato per esprimere la mia piena gratitudine agli studiosi delle cui scoperte mi avvalgo per svolgere il mio lavoro di consulenza e di didattica. A loro va il mio immenso grazie.

Nel corso degli anni ho messo in pratica su di me le tecniche che ho imparato e che ora propongo e insegno. Lentamente il mio cuore si è allargato, il mio grazie si è raffinato e impreziosito e la mia gratitudine si è estesa e è diventata umile.

Ringrazio chi mi ha amato e supportato, ma anche coloro che mi hanno rifiutato e lasciato. Senza di loro, ora non sarei qui, colma di gratitudine per le cose meravigliose che mi hanno insegnato e che sono entrate, anche grazie a loro, nella mia vita.

Questo libro è dedicato a chi vuole scoprire le origini profonde dei malesseri e delle malattie e desidera intraprendere un percorso personale per raggiungere la piena salute fisica, sentimentale, emozionale e finanziaria.

È destinato anche a coloro che, intrapreso un percorso di scoperta di sé, stanno svolgendo un lavoro di aiuto agli altri – insegnanti, medici, educatori, terapeuti, naturopati, operatori olistici ecc. – e desiderano integrare il loro sapere con tecniche per aiutare ancora più efficacemente gli altri.

È dedicato anche a coloro che cercano la loro via e sentono di voler svolgere un lavoro di servizio agli altri e all'Universo e vogliono imparare tecniche efficaci e veloci.

Introduzione

«Perché farsi leggere l'albero genealogico? Cosa dovrei scoprire? Ma, soprattutto, cosa significa guarire un albero?» Queste sono le domande che leggo sul volto di chi mi chiede della mia professione.

Ma facciamo un passo indietro. Alla domanda, la mia risposta è semplice: «Leggo alberi genealogici... e li guarisco». Ma ciò provoca un'espressione strana nel mio interlocutore, tanto che mi sembra quasi di sentire il rumore delle sinapsi che si formano nel suo cervello. Lo tolgo dall'imbarazzo e con tono calmo aggiungo: «Siamo fedeli ai nostri avi, soprattutto nella sfortuna!» Qui forse qualcosa si apre... Ma torniamo all'essenziale.

Sì, siamo fedeli. Difficile crederlo in una realtà in cui non siamo fedeli neppure alla nostra serie televisiva preferita se gli autori sbagliano il plot di qualche puntata: essere fedeli all'albero genealogico risulta strano. Ma oggi sono generosa e tolgo anche voi dall'imbarazzo: tutto ciò avviene "inconsciamente".

Mi spiego con un esempio. Se nostro nonno o bisnonno è fallito in un'attività imprenditoriale, noi potremmo cercare un lavoro fisso, sicuro e potremmo considerare il lavoro autonomo come qualcosa di non adatto a noi, sebbene nostro padre sia un libero professionista e questo nonno sia morto prima che noi nascessimo. Sì, il trauma è stato forte, forse ha provocato una malattia, forse vivevano in campagna e, a causa di ciò, un figlio è stato allontanato o dato in adozione, o addirittura è morto.

A queste parole gli occhi del consultante diventano lucidi e l'emozione finalmente esce, come dagli occhi di qualcun altro che il consultante non sapeva di avere dentro di sé. Attenzione! Scoprire ciò è già una guarigione.

Un altro esempio facile. Una consultante mi chiede: «Perché non riesco a trovare un compagno? Sono carina, intelligente, indipendente, ma incontro tipi non adatti a me». La risposta è nell'albero, soprattutto se i nostri genitori sono una coppia abbastanza serena e affiatata.

Con poche domande, scopro i dati rilevanti: la nonna a 17 anni è stata sedotta e abbandonata, ha generato un figlio che è stato dato via, poi si è risposata con il nonno e ha avuto la mamma (o il papà) e i suoi fratelli. Questo genere di traumi, anche se non vissuti personalmente, si inscrivono in noi, nella "coscienza gruppale", nel nostro inconscio, nella nostra paleopsiche, quella arcaica, legata alla sopravvivenza. Tranquilli, spiegherò bene.

Ma c'è di più, potete mettere a posto tutto ciò con gli atti liberatori e con le Costellazioni familiari. Costellazioni cosa? Le stelle... Attenzione, quando pronuncio queste due parole (vi ricordate il tipo con le sinapsi in movimento?), lo sguardo si annebbia, l'espressione si fa tra lo stupito e l'incuriosito e so che inizierà per me un lavoro particolare: spiegare l'inspiegabile.

Spero sempre che l'interlocutore mastichi di fisica quantistica, di campo cosciente, almeno di legge d'attrazione ma, tranquilli, è una cosa semplice e presto vi spiegherò bene. Si tratta di un mosaico che, se sarete pazienti, si comporrà, e presto il tutto vi risulterà chiaro. Sono esperienze intense!

È di questo che parlerò in questo libro, e vi insegnerò a compilare e a leggere un albero, a vedere i vostri traumi, i *diktat* che abitano in voi poiché, per una questione di sopravvivenza e di fedeltà familiare, sono inscritti nel nostro inconscio.

In questo libro vi porterò alla scoperta della Psicogenealogica e delle Costellazioni genealogiche e vi darò consigli e indizi per liberarvi dai pesi del passato, per potenziarvi e realizzare i vostri desideri.

Il viaggio sarà emozionante, svelerete i segreti nascosti nelle generazioni, scoprirete che ci sono emozioni che abitano in voi, ma che non sono vostre e scoprirete l'origine dei vostri disturbi e dei vostri blocchi.

Siate coraggiosi, non c'è nulla di cui avere paura. «La verità vi renderà liberi», diceva qualcuno. Tenete il cappello stretto in testa, inizia il viaggio. Abbottonate bene il piumino, a tratti avrete freddo, ma quello che scoprirete vi renderà liberi e vi porterà al successo.

Una precisazione, prima di iniziare il viaggio. Quando parlo di successo, non intendo solo quello professionale, ma mi riferisco a realizzare i desideri, guarire una malattia, trovare un partner adatto, attenuare emozioni sabotanti come ansia, paura, tristezza e gelosia.

Buon viaggio!

Capitolo 1:
La Psicogenealogia

La Psicogenealogia è lo studio delle influenze dell'albero genealogico sulla storia dell'individuo. L'albero diventa, in tale prospettiva, la base di qualsiasi disturbo, ossessione e fallimento, dato che tutti ereditiamo un'impronta psichica più o meno profonda che ci si deposita addosso come un peso che non siamo coscienti di possedere.

La medicina cinese e africana, a differenza di quella occidentale, trattano qualsiasi disturbo o insuccesso all'interno del contesto familiare e genealogico; è il rapporto con gli antenati – e qui si intende un concetto di famiglia ampio (genitori, fratelli, zii, nonni, fratelli dei nonni, bisnonni) – che struttura l'essere umano, sia a livello culturale sia nella sua biografia personale.

«Gli errori dei padri ricadono sui figli, fino a tre o quattro generazioni». «Ma non è giusto!» Replicherete voi. Eppure così è.

Sono stati molti gli studiosi che hanno contribuito a questi studi, e qui ne citerò soltanto alcuni. L'argomento Psicogenealogia è complesso, quindi sarò schematica nel presentare gli argomenti più importanti:

Il genosociogramma.

La sindrome da anniversario.

Il bambino di sostituzione.

Le lealtà familiari invisibili – I diktat familiari.

I nomi propri.

Le professioni.

Il fantasma transgenerazionale e il segreto di famiglia.

Il registro o libro dei crediti e dei debiti.

Prendiamoli in esame.

Il genosociogramma

Il genosociogramma, che dobbiamo alla psicoterapeuta Anne A. Schützenberger (medico e membro della resistenza antinazista), è un albero genealogico speciale in cui a nomi e date di nascita sono integrati altri dati: i nomi completi, le date di matrimonio e di separazione, la posizione esatta di nascita dei figli conteggiando gli aborti e i bambini nati morti, e se possibile anche il sesso (importante), le malattie, gli incidenti, i ricoveri ospedalieri, gli eventi significativi (guerre, alluvioni, tradimenti, abusi, dispute legali) il contesto economico e sociale, le professioni, i trasferimenti di casa, le morti inspiegabili, gli abbandoni, gli omicidi, i suicidi, le malattie mentali, le adozioni, i figli illegittimi, i processi, le eredità, i diseredati, i vizi (alcool, droga, ludopatia, sesso).

Sabrina consiglia: non è necessario che abbiate tutto, usate quello che avete, andrà bene. Sarà interessante, segnatevi tutto, vi spiegherò proseguendo. L'albero genealogico è un mosaico che si compone. Fidatevi.

I simboli sono semplici e vi consiglio di compilarlo su un foglio un po' grande e di scrivere tutto ciò che sapete.

I simboli base sono:

Maschio

Femmina

la coppia si indica così femmina a sinistra e maschio a destra

Aborto
V volontario
S spontaneo

Unione semplice

Matrimonio

Separazione

Croce: con la causa della morte

Dipendenze: Θ
AA: alcoolismo
DP: depressione

S: suicidio
K: cancro
MV: morte violenta
Senza figli ▪

Inventate voi simboli: l'importante e che ci sia una legenda.

Se iniziate a chiedere ai vostri familiari – meglio un nonno o una zia anziana, perché quello che manca è spesso più indietro –, focalizzatevi su aborti e bambini nati morti (spesso, come vedremo, non se ne parla) e la loro posizione esatta nella fratellanza: il nonno era il primo o l'ultimo? E, se possibile, quanti anni c'erano tra un fratello e l'altro (più o meno di 5 anni?). Inoltre, osservate se cambiano discorso su qualcosa e dove ci sono amnesie («Il nome di mio nonno? Non ricordo...»). Non è volontario, ma spesso l'inconscio censura l'accesso ai segreti. Attenzione anche ai lapsus.

La sindrome da anniversario

Nella compilazione del genosociogramma, si nota che eventi significativi della vita della persona accadono alla stessa età o nello stesso periodo di altri membri della famiglia. Ad esempio: «Ho avuto il mio primo figlio alla stessa età di mia nonna e di mia madre», oppure «Ad agosto sono morti tutti i nonni e io sono stato concepito ad agosto» o ancora «A 41 anni è morto il nonno e mio fratello a 41 anni ha avuto un incidente in moto».

Per esempio, nel mio caso, mio nonno paterno è morto il giorno del mio diciottesimo compleanno, mentre il giorno del mio ventisettesimo compleanno è morta mia nonna materna (adottiva). Mia nipote è nata lo stesso giorno dello stesso mese di mio nonno materno (adottivo) e mia sorella è nata lo stesso giorno dello stesso mese di mio nonno paterno. Vedremo bene in seguito.

Queste ripetizioni testimoniano che ci sono delle fedeltà dei legami, come vedremo più avanti. Se analizzerete l'albero con calma, noterete delle ripetizioni sconcertanti. Anne A. Schützenberger chiama queste ripetizioni "sindrome da anniversario".

Sabrina consiglia: iniziate a raccogliere i dati e a notare le ripetizioni.

Il figlio di sostituzione

Un altro importante contributo alla Psicogenealogia di A.A. Schützenberger è il "figlio di sostituzione". Il figlio di sostituzione è un bambino che nasce dopo un fratello o una sorella morti in tenera età o dopo un aborto. Questa morte lascia un vuoto profondo e un dolore tanto forte da rendere l'elaborazione del lutto difficile, se non impossibile.

Per colmare questo vuoto, la famiglia può generare un altro figlio: è questo a essere chiamato "bambino di sostituzione", vale a dire un figlio che deve sostituirne un altro, del quale generalmente porta anche il nome, e che è quindi condannato a non essere se stesso e a non possedere un propria identità. Crescendo sentirà di vivere una vita non sua, di non avere un posto e su di lui peserà un senso di colpa in certi casi paradossale. Il caso più tipico è stato quello di Vincent van Gogh.

Sono frequenti, infatti, quasi in ogni albero c'è almeno un figlio di sostituzione. Hanno difficoltà a sviluppare la propria personalità, sono privi di un'identità definita e vivono parecchi problemi prima di riuscire a esprimersi compiutamente. Possono essere ribelli, vivere una vita tormentata e assumere comportamenti pericolosi (pulsioni di morte). Spesso viene dato loro lo stesso nome del fratello morto, come primo o come secondo nome, con effetti negativi.

Sabrina consiglia*: se siete figli di sostituzione e portate per secondo nome il nome del fratello, andate all'anagrafe e cancellatelo o sostituitelo con un nome di buon auspicio, come Felice o Fortunato. Come vedremo, il nome è il sigillo dell'identità.*

Difficile è anche la situazione del figlio nato in concomitanza con la morte di un genitore o di un nonno affezionato, perché il dolore del lutto non viene elaborato e, sul nuovo nato, viene riversato un affetto "malato". *Controllate le date di concepimento. Se perdete un genitore e poco dopo vi nasce un figlio dello stesso sesso, si creerà quella che si chiama "genitorializzazione". Il figlio diventa vostro padre, ma lo spiegherò in seguito, intanto iniziate a elaborare.*

Sabrina consiglia: se nasce un/una bambino/a prendetevi del tempo per scegliere il nome: è importante. Guardatelo/a negli occhi e scegliete un nome indipendente dalla famiglia, un nome che sia solo suo, in ogni caso un nome di buon auspicio, un personaggio evoluto che vi ha ispirato e con una vita felice.

Le lealtà familiari invisibili o "diktat familiari"

Le memorie familiari sono i legami di causa-effetto che si producono tra un avvenimento del passato e una problematica attuale. È necessario ricordare che queste memorie sono completamente inconsce e invisibili e si esprimono all'insaputa delle persone tramite i loro atti, nelle loro attitudini emozionali, affettive, professionali e somatiche.

In parole semplici, dirigono l'individuo sotto una forma che si può chiamare pulsionale. Si tratta di una sorta di ordine – un diktat – a cui sono sottoposti inconsciamente i membri di una famiglia in seguito a un evento scatenante che può avvenire anche a generazioni di distanza.

Alcuni esempi. Se all'interno di una famiglia sono morti neonati o fanciulli, la lealtà familiare si esplica tramite la domanda: «Perché fare figli se muoiono presto?» (Uno degli effetti potrebbe essere la sterilità).

Se per esempio è morta una bambina in un incidente, potrebbe scomparire quel genere sessuale (le femmine) e nella generazione successiva nasceranno solo maschi. «Vedere una bambina mi ricorderebbe troppo il trauma, "vi ordino" quindi di fare solo maschi».

Se vi sono invece violenze sessuali sulle donne, la lealtà familiare può far scomparire gli uomini (una generazione di sole femmine). Oppure il diktat invisibile potrebbe essere che le donne devono essere forti per proteggersi. Il risultato sono donne mascoline (con problemi ginecologici e ossei) che hanno difficoltà nei rapporti di coppia e che al massimo trovano uomini sensibili, dolci e, di fondo, depressi.

Le professioni sono diktat inconsci: i nonni o i bisnonni hanno subito un'ingiustizia, un'eredità mal distribuita, un esproprio drammatico che ha mandato sul lastrico una famiglia e un nipote diventa avvocato.

Il marito di una mia consultante aveva l'intera fratellanza di medici (due fratelli e una sorella) senza tradizione nei genitori, era dovuta a una donna morta di parto nella terza generazione a salire. Questa informazione è stata scoperta solo successivamente.

Se ci sono farmacisti o erboristi, ci potrebbero essere aborti provocati con le erbe dalle "mammare" ("ostetriche" che effettuavano aborti clandestini) o ci potrebbero essere internati per malattie mentali. Se invece ci sono macellai, ci potrebbe essere una persona sbranata o un omicidio; ci sono state due guerre mondiali negli ultimi 100 anni, a solo 3-4 generazioni dalla vostra.

I nomi propri

I nomi sono rivelatori. Per la lettura di un albero sono importanti e, in alcuni casi, fondamentali. Chiedete bene i nomi di battesimo e i secondi nomi.

Riesco a volte a prevedere il nome della moglie di qualcuno. Può essere semplice. Se tuo fratello era molto legato alla madre, che si chiamava Grazia, potrebbe aver sposato una Patrizia, o una Tiziana, o comunque nome con all'interno la lettera Z (all'interno, non come iniziale). Non sono molti e, dalla moda dei tempi, posso prevederlo. Non ci svelano l'albero, ma forse che c'è un Edipo non superato.

I dati naturalmente si devono incrociare e, per parlare di Edipo, devo avere altre conferme. I cognomi non ci interessano, salvo svelarci talvolta un Edipo.

Il complesso di Edipo è un concetto della teoria psicoanalitica che descrive come il bambino nella normale fase evolutiva matura l'identificazione col genitore del proprio sesso e il desiderio nei confronti del genitore del sesso opposto. Tale desiderio, se i genitori non colpevolizzano il bambino, viene superato e il bambino può proseguire le sue fasi evolutive.

Per esempio, Maria Montessori fa un figlio senza sposarsi con un uomo che si chiama Giuseppe Montesacro (Giuseppe: il padre di Gesù, quindi il simbolo del padre). Ma, soprattutto, poniamo l'accento sul cognome del padre di suo figlio: "Monte-sacro". Ciò esprime il desiderio inconscio di fare un figlio con il proprio padre che si chiamava "Monte-ssori". E poi, cosa c'è di più sacro del padre?

Ribadisco che i dati si devono incrociare e non ho mai fatto l'albero a Maria Montessori, ma ci fa riflettere. Maria chiama il figlio Mario, quindi figlio di "prosecuzione", infatti seguirà le sue orme, e lo mette in istituto. Interessante. Forse è il vecchio retaggio per il quale i figli fatti internamente alla famiglia venivano allontanati. Si tratta solo di un'ipotesi, del campanello d'allarme di qualcosa che ci può essere stato indietro nelle generazioni.

Tornando ai nomi propri, sono significativi per l'esame dell'albero in primo luogo perché vengono scelti dai genitori: essi riflettono in maniera inconscia ciò che è stato o meno risolto nelle loro vite e, in particolare, nella relazione con i loro genitori. Questo meccanismo è chiaramente inconscio. I figli portano i nomi delle persone importanti per i genitori (membri della famiglia) e a volte ripetono nomi di parenti morti scomparsi in guerra o in qualche incidente o, comunque, persone morte precocemente.

La scelta del nome non è casuale né irrilevante: si provi soltanto a immaginare di portare il nome di un fratello morto bambino, oppure quello di un nonno morto precocemente o internato in manicomio, oppure di una zia che si è suicidata. *Il lutto non elaborato viene trasferito a tutti gli effetti... si tratta di un fantasma transgenerazionale.*

Il nome non si assegna al figlio o alla figlia solo se la relazione con la persona che lo porta o lo portava è stata buona. A volte il nome ha lo scopo di protrarre il conflitto psichico per la semplice ragione che non è stato sciolto e se ne delega la risoluzione alla nuova relazione che si va a stabilire con il figlio o la figlia.

I nomi, secondo A. Jodorowsky, per l'inconscio sono carichi di contenuti emotivi precisi che, *se ben decodificati,* ci trasmettono dei messaggi precisi e ci svelano segreti. Ci sono uomini e donne che sposano donne e uomini che portano lo stesso nome della madre o della sorella o del padre (declinati al maschile o al femminile).

Quando vi sono primogeniti con nomi dalle risonanze cristiane del tipo Cristiano, Salvatore, Emanuele, Pasquale, significa che i genitori esigono da questi figli perfezione. I portatori di questi nomi si potrebbero sacrificare incoscientemente con una sessualità repressa, oppure a 33 anni avere un periodo di crisi.

I nomi ci danno informazioni sul tipo di contratto di cui una persona è inconsapevolmente portatrice (vedremo questi concetti nella parte chiamata "contratti firmati con il sangue").

Il nome Maria (la madre di Gesù, quindi la madre per eccellenza) denota subito un contratto di genitorializzazione: una figlia Maria può essere la madre psichica di uno o di entrambi i genitori a causa di una carenza oggettiva di una madre, vuoi perché è morta presto, vuoi perché non ha potuto fare da madre.

La figlia Maria diventa la sostituzione e il riempimento del vuoto, della carenza che i suoi genitori o uno di essi hanno vissuto nell'infanzia. Questo contratto primario forgia la personalità e l'attitudine di Maria nei confronti non solo della famiglia, ma anche della sua vita di relazione in generale, per cui Maria tenderà a fare da madre a chiunque entri in rapporto con lei, stabilendo di conseguenza delle relazioni in cui sarà difficile essere alla pari e nelle quali sentirà di dare senza ricevere.

Inoltre, fatto salvo che Maria è il nome di una vergine, avrà difficoltà a concepire e a mettere al mondo figli dato che, psichicamente, ne possiede già uno o due: il padre e/o la madre. Notate tutte le derivazioni e le varianti di Maria: Marina, Marisa e i suoi sinonimi (Rosa, Rosaria, Lucia, Lucinda, Luciana, Assunta, Immacolata, Virginia ecc.).

Se una madre chiama la figlia con il suo stesso nome o un figlio come il padre (anche con lievi varianti, ad esempio Michela diventa Micaela, Giacomo diventa Jacopo, Nicola diventa Nicolò, Valeria diventa Valentina) denota un contratto di "prolungamento" del genitore sul figlio, il quale prevede che le aspirazioni non realizzate dell'adulto diventino mete per il figlio, che si trova a non vivere la propria vita, ma quella che il genitore desiderava per sé.

I nomi prettamente maschili declinati al femminile, come Alberta, Massimiliana o Giuseppa, esprimono il desiderio di avere un maschio. E cosa ne pensate di Annino o Gildo? *Quelli sopra indicati sono evidenti e comuni ma, in linea generale, tutti i nomi contengono un'informazione precisa sul tipo di relazione che lega i figli ai genitori e viceversa.*

Dare a una figlia un nome che è un diminutivo, ad esempio Nicoletta, Antonella, Graziella, Sandrina, Serenella, Vittorina, Lola ecc. è il desiderio inconscio dei genitori di non volerla far crescere e mantenerla piccola; il messaggio potrebbe essere: "Se diventi donna diventi come mia madre, che mi ha deluso" o "Se diventi donna potresti essere abusata; rimani bambina!"

I nomi maschili con finali in "a" o in "e", come Andrea, Michele, Raffaele, Gabriele, Luca, Nicola o Davide, potrebbero rivelare un maschile basso o la necessità di ridurre l'esuberanza sessuale maschile dei figli per una condanna del maschile. Invece, la presenza di nomi angelici, come Gabriele, Michele, Daniele e Angelo, rimanda a fenomeni di Eros nell'albero: i maschi sono un problema e è meglio che non si incarnino troppo. E ancora, Giusto e Giustina denotano un'ingiustizia subita dalla famiglia.

Ciascun nome ha un'origine etimologica e il destino di chi lo porta non è estraneo al suo significato, il quale corrisponde alle tendenze, alle inclinazioni, alle aspirazioni e ai conflitti non risolti, oppure ai tentativi di soluzione che i genitori proiettano sui figli a cui attribuiscono quel determinato nome.

Alcuni esempi. Luca/Lucia: "portatore/trice di luce" (c'è bisogno di chiarire). Diego: "istruito" (un bisogno di istruzione). Fabrizio/a: "fabbricante, fabbro, servo, lavoratore" (il lavoro è fondamentale). Monica: "consigliere, solitario, eremita". Caterina/Katia: "pura" (un bisogno di purezza, c'è qualcosa di sporco). Patrizio/a: "persona di nobili origini, ricca" (problemi economici). Marta: "padrona" (problemi legati alla proprietà).

Fate attenzione anche ai nomi che si ripresentano con piccole varianti. Un consultante, nell'espormi l'albero, mi diceva i nomi: il padre battezzato E., tutti lo chiamavano Dario, la sorella si chiamava Ilaria e una nipotina, figlia del figlio del consultante, si chiamava Aria. Inoltre, la sorella della moglie si chiamava Arianna.

Durante la consulenza mi confessò di avere l'impulso, giocando con i figli, di mettere loro la mano sulla bocca per qualche secondo, come a soffocarli.

Osservai, dall'esame dell'albero, che tra i morti prematuri c'era il figlio di uno zio, morto di SIDS neonato. La sindrome della "morte in culla" è un fenomeno che provoca la morte improvvisa e inaspettata di un lattante apparentemente sano. Anche in questo caso la figlia, nata dopo il bambino morto, era stata chiamata come il fratello deceduto, al femminile, e da adulta presentava problemi di depressione.

Tornando alla presenza di nomi con all'interno "aria", potrebbe indicare un trauma indietro nelle generazioni legato all'aria, un soffocamento, un parto difficile con un'insufficienza respiratoria, un morto soffocato o annegato, o le camere a gas durante la guerra.

Sempre sui nomi, una signora mi contattò per una forma di bipolarismo del figlio, paranoia e allucinazioni. Alla signora era stato dato, come secondo nome, Ricciarda. Ricciarda, protagonista di una tragedia del Foscolo, dopo varie vicissitudini e amori contrastati, finisce uccisa nell'ultimo atto.

Il bipolarismo, secondo Bert Hellinger, il padre delle Costellazioni familiari (che approfondiremo nel capitolo a ciò dedicato) è dovuto a un omicidio nelle generazioni passate. I genitori che hanno scelto questo nome non sanno del segreto ma, tra tutti i nomi che potevano scegliere, decidono di aggiungere il nome Ricciarda, forse dopo una serata a teatro. C'è un rimando, una risonanza con qualcosa di interiore e profondo.

Sabrina consiglia*: fate quindi attenzione ai nomi, a chi li ha scelti e a chi o a cosa sono ispirati.*

Le professioni

Le professioni, come i nomi, veicolano un'informazione precisa sul modello psicogenealogico, pertanto non sono casuali e riflettono il tentativo inconscio di portare alla luce o di risolvere problemi o conflitti della famiglia di origine. Le professioni svolte contengono la tipologia del contratto di relazione che lega un figlio ai suoi genitori e, più in generale, alla sua famiglia.

La professione di medico o di infermiere, ad esempio, denota subito la necessità di curare o di guarire qualcuno, e è certo che la storia della famiglia annovera, tra le altre, la sofferenza o la morte per malattia protratta nel tempo di una o più persone che sono state importanti per i genitori o per i genitori dei genitori, o persone che hanno un trauma non elaborato.

Altre professioni sono meno dirette nell'esplicitare l'informazione sul modello psicogenealogico in atto, ma è certo che tutte ne racchiudono una.

L'elettricista, l'informatico si occupano di elettricità e di informazioni: è il tentativo inconscio di riattivare le energie (fare luce su qualcosa di poco chiaro) e le informazioni bloccate o interrotte in qualche livello del sistema familiare.

Il falegname costruisce mobili, porte, sedie, tavoli. Spesso nel suo albero è accaduto un incendio, un terremoto o un'alluvione che ha segnato la famiglia, oppure si è verificato un fallimento che ha comportato il pignoramento dei mobili di proprietà.

L'insegnante di scuola materna o elementare ha nell'albero dei bambini che non sono stati accuditi o sono stati abbandonati. I fabbri che lavorano i metalli e fanno cancelli e ringhiere hanno alle spalle qualcuno che, per qualche ragione, avrebbe dovuto essere rinchiuso o lo è stato. L'architetto, il geometra ricostruiscono le case che sono state perdute o che non si ha avuto la possibilità di possedere.

Il geologo ha dei parenti contadini che hanno avuto dei conflitti sulla terra o sui suoi confini, smottamenti. L'avvocato denota che si sono state ingiustizie, incarcerazioni ingiuste e ambigue o eredità mal spartite. Il giornalista, lo scrittore vuole diffondere informazioni, notizie, e testimonia la presenza di segreti nell'albero.

Quando un episodio segna profondamente una famiglia, il grado di elaborazione dell'evento determina il suo influsso sulle generazioni successive: se non è stato possibile fare i conti in maniera definitiva con tale evento, *esso continua a ingenerare forme simboliche di riparazione di generazione in generazione.* È questo il senso simbolico della professione e è per questo che essa è significativa ai fini dell'analisi del modello psicogenealogico vigente in famiglia.

Nel caso di una ripetizione della professione tra padri e figli, senza soluzione di continuità, la *considerazione è che non tutti sono naturalmente propensi a fare lo stesso mestiere e, di conseguenza, qualcuno ha dovuto sacrificare la sua vita sull'altare della famiglia. La ripetizione della professione di padre in figlio rivela l'irrigidimento di un modello familiare a scapito delle risorse naturali, spontanee, interiori.*

Chi lavora nell'azienda del padre o della madre dimostra di esserne in qualche modo il prolungamento ovvero è assoggettato a un contratto relazionale in ragione del quale non può essere se stesso, ma solo l'ombra del genitore o ciò che questi prevede per lui. Il sistema-famiglia è chiuso e lesiona il diritto alla libertà e alla felicità da parte dei suoi membri.

Il fantasma transgenerazionale e il segreto di famiglia

Perché abbiamo rilevato le ripetizioni? I discendenti fanno figli alla stessa età, oppure hanno cambiamenti professionali o fallimenti alla stessa età di quello zio che è nella stessa posizione della fratellanza e così via. Le ripetizioni rilevano e rivelano che il *trauma originario* non è superato e continua a produrre i suoi effetti. Questo testimonia che il sistema famiglia risponde a un evento – *non elaborato* – con un effetto negativo che influenza i discendenti.

Nicolas Abraham e Maria Torok lo hanno chiamato "fantasma transgenerazionale": in ogni famiglia esiste una specie di *"cripta inconscia"* in cui viene sepolto un segreto inconfessabile: tale segreto origina un fantasma che si installa in un discendente il quale lo trasferisce a un altro e così di seguito.

In ogni famiglia c'è un segreto

Se un trauma – che, come vedremo in seguito, si può ricondurre a eventi di Eros e di Thanatos (sesso e morte) – viene risolto solo sul piano dell'oblio (dimenticato), si trasmette di generazione in generazione. Questo segreto, che può essere di un nonno, di un bisnonno, di un genitore, nascondendo il trauma emozionale lo istalla in maniera definitiva, ma inconsapevole, in un angolo nascosto della psiche.

Si può trattare di disonori, di vergogne e eventi vissuti traumaticamente, di ingiustizie reali o vissute come tali. Nell'ottica transgenerazionale, quindi, una persona in definitiva soffre sempre per un fantasma che esce dalla cripta: una malattia transgenerazionale connessa a un trauma "non detto".

Tramite questa incorporazione, si installa all'interno della psiche un oggetto proibito *che si manifesta con parole occulte, attraverso il non detto, il silenzio, i buchi di realtà, le lacune lasciate all'interno di noi stessi dal segreto.*

Le parole occultate si comportano come dei folletti invisibili che si dedicano a rompere ogni possibile coerenza e, di contro, nel caso di effetti blandi, i segreti di famiglia determinano le professioni, gli hobby e le manie. Nella generazione successiva, il figlio allevato da genitori che sono portatori di un trauma non elaborato, "indicibile", diventa portatore di qualcosa che non può essere rivelato. *Da "indicibile" diventa "innominabile".*

Questi contenuti sono ignorati e la loro esistenza è solo intuita, oggetto di interrogativi inspiegabili. I figli portatori di traumi non elaborati possono sviluppare difficoltà di pensiero, di apprendimento, di concentrazione o paure immotivate, balbuzie, fobie, ossessioni. *Nella generazione ancora successiva, gli eventi traumatici che risalgono alla generazione dei nonni sono diventati non solo "innominabili", ma veramente "impensabili": l'esistenza del segreto è ignorata.*

Il bambino e l'adulto che diventerà, può percepire in sé delle sensazioni, delle emozioni e delle immagini o delle azioni potenziali che gli sembrano "bizzarrie" e che non si spiegano (il rischio di disturbi psichici è accentuato quando entrambi i genitori sono portatori di un pesante segreto).

Sempre sui segreti di famiglia, succede che, su quattro generazioni, tutto quello che è stato tenuto nascosto a un certo punto finisce per manifestarsi, magari con una ripetizione, una rivelazione. *Si chiama rivelazione genealogica.*

Così come l'inconscio individuale tende a manifestarsi con sogni, lapsus, ripetizioni, incontri, coincidenze, l'inconscio familiare si esprime attraverso i soggetti più sensibili, magari attraverso l'arte, la ricerca individuale (psicoterapia, ricerca spirituale) ma anche gesti compulsivi (droghe, comportamenti autodistruttivi).

I segreti maggiori sono omicidi, suicidi, incesti, omosessualità, delitti, furti, aborti, infanticidi, malattie vergognose, false paternità, imprigionamenti, pazzia, ricoveri. In genere qualcosa del segreto si ripete nella generazione successiva, oppure, se la rimozione è stata assoluta in una generazione, può ripresentarsi nella terza.

I nipoti rivivono i segreti dei nonni, l'albero procede come un individuo che, incapace di nasconderlo, lo confessa con modalità diverse. Tale rivelazione passa attraverso le persone che sono a conoscenza del segreto e lo lasciano filtrare o lo compensano, nella vita, nei gesti, nelle credenze, nel modo di amare e di stringere rapporti.

Una consultante di circa 40 anni mi contatta per problemi legati alla difficoltà ad avere soddisfacenti rapporti sessuali. Sei mesi prima, in viaggio per incontrare la sua famiglia nel paese di origine della madre, durante un pranzo scopre che la zia, sorella della madre, non era morta di cancro a 35 anni come dicevano, ma si era suicidata. Un atto liberatorio ha aiutato la consultante.

Molti consultanti intraprendono lo studio dell'albero genealogico con l'intenzione di portare alla luce un segreto di famiglia. Bisogna però capire di che cosa stiamo concretamente parlando quando si allude a un segreto. Può essere un padre che ha avuto figli illegittimi, una persona che è stata in prigione, la zia che è stata internata, lo zio prete che ha avuto figli naturali, il bisnonno che ha ucciso qualcuno o il prozio che era innamorato di un uomo.

Sovente sono eventi che suscitano vergogna, magari tabù, come l'omicidio o l'incesto: un segreto di famiglia può essere anche un'informazione disponibile di cui però nessuno parla. Quello che ci interessa è il modo in cui tale informazione è stata trattata e le conseguenze concrete, affettive e psichiche che il segreto ha sulle generazioni successive.

L'impossibilità di vivere la vita che vogliamo è spesso legata ai segreti di famiglia.

Molti segreti possono emergere grazie ad indagini e ricerche.

Sabrina consiglia: *quanto iniziate questo percorso, siate umili, bendisposti, i tempi erano diversi, un figlio nato fuori dal matrimonio, cento anni fa era oggetto di profondo disonore. Alcuni segreti di famiglia si rivelano soltanto quanto è giunto il momento, attraverso sogni, incontri, percezioni spontanee.*

A volte, dialogando con i membri della famiglia, si ha la sorpresa di assistere alla rivelazione di questi segreti.

Sabrina consiglia: *mentre state facendo questo percorso, tenete un taccuino sul vostro comodino: di notte potreste avere dei sogni rivelatori.*

Quindi avete preso un grande foglio bianco e impostato il vostro albero con i simboli indicati (potete sceglierne di nuovi) e avete composto bene la vostra fratellanza, quella dei vostri genitori e, come potevate, quella dei vostri nonni. Nomi propri, professioni, date di nascita e di morte e distanza tra le nascite dei fratelli (3 anni, 5 anni ecc.).

Scrivete bene in alto sul foglio la questione che vi sta a cuore, ad esempio: «Desidero scoprire qualcosa della mia dipendenza affettiva»; «Desidero risolvere il conflitto con mio fratello»; «Desidero realizzarmi professionalmente, ma qualcosa mi blocca». Bravi! State andando bene.

Il registro dei crediti e dei debiti

In questo paragrafo tratterò il tema del registro dei crediti e dei debiti. Ma prima una piccola premessa. La famiglia prevede regole a cui tutti i suoi membri (fratelli, genitori, nonni, figli) devono attenersi. Queste regole sono l'emanazione del codice di legge familiare che si instaura nella famiglia nel corso di 3-4 generazioni.

Esistono regole esplicite e implicite, espresse verbalmente o più frequentemente *completamente inconsce,* ma in ogni caso condivise e interiorizzate dai suoi membri. *Il codice di legge familiare si inscrive a livello profondo nelle convinzioni, nei pensieri e nelle emozioni e le sue ripercussioni sono visibili nei comportamenti e nelle scelte personali per quanto possano apparire autonome e diversificate.*

Alcuni esempi. Ci sono famiglie in cui il primogenito va all'università e gli altri si diplomano soltanto, o non fanno studi, o famiglie in cui la primogenita si occupa dei fratelli e finisce per non sposarsi e occuparsi anche dei figli dei fratelli.

Si vedono bambine di 10-12 anni che già si occupano dei fratelli neonati e aiutano la madre (diventandone delle pari) e, se viene a mancare la madre, diventano la compagna del padre (coniugalizzazione). Una donna coniugalizzata con il padre – non parliamo di incesto – avrà difficoltà a trovare un compagno in quanto ne ha già uno: il padre.

La madre vedova che trasforma il figlio nel marito è piuttosto frequente. Le vedete in giro, signore belle e curate dall'espressione sostenuta con a fianco ragazzi con il cappotto abbottonato fino all'ultimo bottone, con vestiti fuori moda e con un'espressione tra il disorientato e il "troppo ingenuo" e che, soprattutto, hanno un'età indefinibile. Questa è la coniugalizzazione dei figli maschi.

La ragazzina che si occupa dei fratelli così come il bambino orfano di padre coniugalizzato dalla madre hanno un'infanzia rubata. La ragazzina è *a credito* dei genitori (soprattutto della madre, ma anche del padre, perché si è ritrovata un coniuge). Se riuscirà ad avere una famiglia – perché avrà difficoltà a farlo – i suoi figli (come vedremo, probabilmente una femmina e un maschio) diventeranno i suoi genitori.

Esiste quindi, per ogni famiglia, una contabilità familiare: un registro dei crediti e dei debiti che si accumulano all'interno delle relazioni familiari nel corso del tempo. Le regole compongono un codice di leggi familiari che vengono trasferite di generazione in generazione attraverso una *contabilità transgenerazionale*.

Tale concetto fu teorizzato da Ivan Boszormenyi-Nagy, che aveva riscontrato dai suoi studi che l'esito di questa contabilità pesa sull'ultima generazione, per cui i figli sono costretti a pagare se c'è un credito da saldare (più spesso) oppure a riscuotere se il bilancio familiare è in attivo (più raramente). Boszormenyi-Nagy ha elaborato il concetto di *genitorializzazione*: si tratta in sostanza di un'inversione rispetto ai crediti e ai debiti che risultano dal libro dei conti di famiglia (i genitori danno e i figli prendono) e si assiste al rovesciamento dei ruoli: i figli diventano, cioè, i genitori dei propri genitori.

Non rispondere alle obbligazioni produce sensi di colpa e, essendoci un posto vacante (manca un genitore), il figlio, per amore del genitore orfano, lo occupa e si sente inconsciamente lusingato.

Solo se i bambini hanno ricevuto il dovuto sostegno, le cure dei genitori nell'adolescenza potranno prendersi le dovute responsabilità e, una volta adulti, potranno assumere il ruolo di coniuge e genitore offrendo ai figli il giusto sostegno. Un figlio genitorializzato non avrà fatto il giusto percorso evolutivo.

La deroga della responsabilità da parte di un genitore crea un'ingiustizia che deve essere pagata da qualcuno. Attenzione, però, non è il padre dell'orfano a pagare per aver omesso il suo ruolo genitoriale, in quanto non possiamo condannare i genitori perché sono i nostri personali dei; a pagare sono sempre i figli, la colpa scende nelle generazioni. Quindi, se c'è uno squilibrio dei ruoli con i genitori, il debito viene scaricato in maniera inconscia sui figli, con i contratti, ma anche sotto forma di destini di vita (malattie, fallimenti, disagi emozionali).

Quindi ogni figlio nasce con un contratto relazionale che non è attribuito solo dai genitori, *ma deriva dallo storico delle ultime 3-4 generazioni.*

Sabrina consiglia*: indicate nel vostro albero genitori morti giovani con figli bambini o adolescenti. Indicate possibili contratti di genitorializzazione e, sui figli di vedovi precoci, contratti di coniugalizzazione con il genitore rimasto.*

RIEPILOGO DEL CAPITOLO 1:

- SEGRETO n. 1: le ripetizioni di eventi, date, anniversari dimostrano che siamo fedeli alla famiglia.

- SEGRETO n. 2: il figlio di sostituzione è un membro particolare con caratteristiche che vanno comprese.

- SEGRETO n. 3: iniziate a notare le lealtà familiari inconsce.

- SEGRETO n. 4: i nomi propri sono rilevanti, chiedetene l'origine (perché hanno scelto quel nome) e fate caso a piccole varianti.

- SEGRETO n. 5: le professioni ci danno informazioni sui dati del passato.

- SEGRETO n. 6: ogni famiglia ha dei segreti: intuirli e scoprirli vi libererà da sentimenti sabotanti.

- SEGRETO n. 7: il "libro dei crediti e dei debiti" è un elemento con cui dobbiamo fare i conti per la realizzazione.

- SEGRETO n. 8: a pagare i crediti e i debiti delle generazioni passate sono le ultime generazioni (i figli).

Capitolo 2:
Come leggere l'albero genealogico

Quando a Isaac Newton fu chiesto come fosse arrivato alle sue scoperte rivoluzionarie, rispose che stava seduto sulle spalle dei giganti. Isaac Newton, considerato lo scienziato che più di ogni altro ha contribuito alla scienza e all'evoluzione del genere umano, riconosceva il valore assoluto, dietro le sue scoperte, di chi era vissuto prima di lui. Interessante lezione!

Vi presento, nei prossimi capitoli i miei giganti.
Iniziamo da Antonio Bertoli.

La patologia degli archetipi primari
Tra i numerosi contributi di Antonio Bertoli alla Psicogenealogia, c'è quella che lui definisce "patologia degli archetipi primari" che considera la vera origine di ogni disagio psichico, fisico e emozionale.

Ma andiamo per gradi, vi spiegherò ma, per comprendere appieno il pensiero centrale degli studi di Antonio Bertoli, è necessario partire dalla *teoria sistemica.*

La famiglia come sistema

L'albero genealogico di una famiglia è un vero e proprio "sistema" e una persona che appartiene a questo albero è un elemento di tale sistema. Come tutti i sistemi, anche quello familiare ha come priorità il mantenersi stabile, quindi, di fronte a nuovi input, il sistema famiglia può assumere la dinamica di integrazione del nuovo – e quindi evoluzione del sistema – o rifiuto e rigetto del nuovo, dando una risposta rigida.

La risposta adattiva della famiglia di fronte a input interni o esterni ha a che fare con *la rigidità o la flessibilità delle sue regole interne,* vale a dire con il codice di legge vigente in famiglia che si è instaurato a partire da 3-4 generazioni precedenti. *Quindi, in quanto membri di una famiglia, portiamo in noi (inconsciamente) le regole familiari elaborate nelle ultime 3-4 generazioni.*

Inoltre, teniamo presente che la memoria "sistemica" continua a essere riportata all'interno del sistema e quindi influenza il futuro. Per quanto superate, le regole o le leggi familiari continuano a imperversare nella psiche dei membri anche a distanza di generazioni e con condizioni socio-culturali diverse.

Per esempio, se una famiglia ha avuto in passato come regola familiare che fossero i maschi a ereditare le proprietà e i terreni, mentre le donne erano solo "carne da matrimonio" e venivano liquidate il prima possibile con piccole doti, si instaurerà, anche nelle generazioni successive, *un diktat inconscio* che resta ancora vivo, malgrado i tempi siano cambiati, e che dice: "Solo gli uomini possono permettersi proprietà e affari, le donne devono dipendere dagli uomini".

Ci saranno delle discendenti femmine che faranno gli avvocati per portare giustizia, altre che si saboteranno negli studi non riuscendo a laurearsi, o fallendo professionalmente, per fedeltà familiare. In ogni caso si creerà una patologia degli archetipi, cioè una *frizione,* una disarmonia tra uomini e donne: "Gli uomini fanno del male, sono prepotenti e abusanti".

Pensate se, in seguito a questa ingiustizia dell'eredità, una sorella avesse visto morire di malattia o di stenti un figlio, mentre il fratello, perché maschio, viveva agiatamente, o si fosse vista costretta a lavorare fino agli ultimi giorni di gravidanza e a vedere il figlio, nato prematuramente, morire. Un altro diktat che si inscrive nel sistema è: "Le donne che lavorano fanno del male ai figli".

Una pronipote può sentire di non rispettare gli uomini come un sentito interno che non si rispecchia nelle sue esperienze di vita, e avere problemi concreti in un rapporto stabile con un uomo o decidere di non lavorare più appena scopre di essere incinta.

Quindi ci sono eventi del passato che creano dinamiche relazionali tra maschile e femminile, tra uomini e donne, che rimangono come leggi inconsce dentro di noi. Quando queste dinamiche provocano dolore e ingiustizie, si crea una "patologia degli archetipi primari".

Sabrina consiglia: prendetevi il tempo di approfondire questi

concetti, segnate e indagate con i vostri genitori e, se avete ancora dei nonni, fatelo con loro. Indagate che tipo di relazione c'era tra maschile e femminile nella generazione dei vostri nonni: i maschi ereditavano, o potevano essere infedeli, invece le donne dovevano essere sottomesse? Qui non cerchiamo colpevoli, indaghiamo e comprendiamo le nostre origini. Questo percorso nasce per comprendere i malesseri e per migliorare il rapporto con noi stessi e con gli altri.

Facciamo un piccolo approfondimento. La famiglia nasce con "l'invenzione del padre" e il distanziamento antropologico dalla natura, vale a dire con la cultura (razionalità) che si sovrappone alla natura (impulso/istinto). Alla sessualità istintiva e saltuaria (il maschio che feconda la femmina), che caratterizza il rapporto tra i due sessi, si sovrappone il rapporto stabile e l'amore della coppia: è a partire da questo che il sesso diventa qualcosa di diverso dal mero accoppiamento a fini riproduttivi.

È dall'amore e dal legame stabile tra uomo e donna che crescono insieme la prole e *quindi con la nascita del padre che si occupa dei figli* (le madri ci sono da sempre, invece i padri, in termini di evoluzione della specie, da poco tempo) *che nasce la famiglia*. Con la famiglia nasce la peculiare forma di unione profonda tra uomo e donna e l'intensità di relazione sessuale continuativa che caratterizza l'essere umano rispetto alla specie animale. *Con la nascita della famiglia nasce la psiche che si contrappone al puro istinto.* Quindi con la nascita del padre, nasce la psiche (l'archetipo psichico) e nasce la coppia monogamica e la famiglia.

Dobbiamo però rilevare che l'archetipo psichico è emerso di recente nella storia evolutiva e è ancora in fase di assestamento. Inoltre la famiglia sovrappone il suo modello genealogico – la sua tipizzazione del maschile e del femminile – a quello psichico. Quando nasciamo non siamo puri, vergini, ma portiamo inconsciamente in noi anche tutti i traumi transgenerazionali delle generazioni passate.

Quindi, alla base di ogni disagio fisico e emozionale c'è un ordine di esistere come impone la famiglia e il divieto di essere autentici e creativi come imporrebbe il nostro *personale* essere più profondo. *In altre parole, un individuo si ammala perché è la sua famiglia a essere malata, vale a dire il sistema da cui proviene e nel quale è inserito, e la malattia ha origine da un disequilibrio tra maschile e femminile.*

La tipizzazione del maschile e del femminile, cioè il modo di essere maschi e femmine (uomini e donne) proprio della storia personale della famiglia è supportata da obblighi e da divieti reconditi, inconsci, che sono propri del sistema familiare: l'ordine di attenersi a certe regole e norme e il divieto di trasgredirle.

Il desiderio di libertà e di essere autenticamente se stessi provoca una lotta interiore da cui scaturiscono la malattia, il disagio emozionale e le difficoltà relazionali. Quindi, alla radice di ogni disagio individuale ci sono sempre un ordine preciso imposto inconsciamente dalla famiglia riguardante l'*obbligo di essere uomini e donne in un certo preciso modo* e il divieto imposto alla libertà di essere uomini e donne per come ce li consegna la nostra *intima natura.*

Questa negazione deriva dal vissuto degli uomini e delle donne che sono venuti prima di noi, che si trasforma e si veicola nel vissuto dei figli, i quali lo trasmettono ai loro figli e così di seguito andando a forgiare quel modello psicogenealogico familiare che oscura il fondamento archetipico. Vediamo ora cosa, in concreto, influenza la storia familiare.

L'Eros e il Thanatos

Le cause di ogni alterazione archetipica e della rigidità del modello psicogenealogico si possono ricondurre in sostanza a due motivazioni di base: *Eros e Thanatos (sesso e morte). Queste due cause primarie spesso non sono percepibili in maniera diretta nel presente di una persona:* possono essersi manifestate 2 o 3 generazioni prima.

Andando a indagare la storia delle generazioni, vediamo per esempio che la nonna paterna si è sposata in seconde nozze perché il primo marito era morto in guerra, o che nostro padre è il terzo di dieci figli e il nonno era un alcolista violento oppure, ancora, che la bisnonna è morta di parto o è rimasta vedova a trent'anni e il nonno è orfano bambino.

Sabrina consiglia: in fase di elaborazione del vostro albero, segnate con l'evidenziatore gli eventi di Eros (se conosciuti) e

Thanatos (morti precoci) con le cause di morte. In fase di indagine sono questi i dati più rilevanti, in quanto sono queste le cause originarie e scatenanti che hanno comportato un'alterazione del sistema famiglia.

Esiste uno stretto legame tra la patologia archetipica di una famiglia (rapporti tra maschile e femminile) e la patologia del corpo e della mente. Le malattie sono, in definitiva, le manifestazioni di un fantasma transgenerazionale che è l'esito della deviazione del maschile e del femminile dovuti sempre a eventi di Eros e/o Thanatos.

L'importanza basilare dell'Eros e del Thanatos, che inceppa il meccanismo virtuoso della vita, sta nel fatto che costituiscono gli elementi primari alla conservazione e alla riproduzione della specie. Qualsiasi evento abbia a che fare col sesso deviato ci riporta alla componente animale a scapito di quella psichica, legata all'amore e alla collaborazione tra uomo e donna, essenziale per far diventare i figli adulti realizzati.

Eventi di morte prematura e di Eros deviato determinano

un'alterazione negativa della trasmissione genealogica. Un abuso, un incesto, relazioni extraconiugali, figli fuori dal matrimonio, la promiscuità costituiscono traumi non solo per chi li vive – trasformandosi in fantasmi psicogenealogici che si trasmettono di generazione in generazione – ma ingenerano soprattutto una reazione che si trasforma in chiusura e nell'involuzione del sistema stesso.

L'endogamia (trovare un partner all'interno della famiglia) è propria dell'animale, così come l'esogamia (trovare un partner fuori dalla famiglia) è la prima caratteristica antropologica dell'essere umano evoluto. Qualsiasi atto sessuale o semi-sessuale deviato dà uno scompenso profondo che si ripercuote anche nelle generazioni successive.

L'assegnazione di così tanta importanza alla coppia monogamica (unione sessuale esclusiva) e all'esogamia (trovare partner fuori dalla famiglia) non è dunque l'esito di una morale o di bigottismo, *ma la perdita di ciò è uno scompenso profondo che scende nelle generazioni.*

Un padre che abusa della figlia è un ritorno all'animalità del maschio e, dunque, la negazione stessa dell'umanità, ma non bisogna dimenticare che anche la madre partecipa a questa pratica incestuosa, perché la permette o, come si dice, "non vede perché fa finta di non vedere". A sua volta, dunque, anche la madre costituisce una regressione all'animalità e ciò accade perché è stata abusata a sua volta o perché proveniva da una famiglia in cui l'abuso era una pratica "accettata".

La scelta del coniuge è uno dei principali strumenti di cui si serve il codice di legge di una famiglia per conservarsi integro e ripetere, così, se stesso. Quindi scegliamo un partner con codici familiari (inconsci e invisibili) affini e con traumi e patologie simili.

Si parla di abuso anche quando sentiamo parlare di 10-12 figli, si tratta di una mancanza completa di rispetto verso la donna. Di consumo sessuale che è mirato al solo soddisfacimento del maschio a scapito di quello che accade alla donna. Vero è che entrambi i coniugi sono vittime di un modello familiare che, così facendo, contribuiscono ad alimentare.

Il problema non è soltanto per la donna che partorisce 12 figli, ma per questi, che non hanno le giuste attenzioni e i dovuti supporti emozionali (genitori assenti). I figli senza genitori genitorializzeranno i figli (come abbiamo visto nel capitolo precedente) e gli scompensi scendono nelle generazioni. Le difficoltà sorgono anche per i discendenti che avranno questa lealtà, ossia avere svariate gravidanze, in una dinamica in cui nella coppia devono lavorare entrambi per assicurare un tenore di vita ai figli che non è più quello della famiglia contadina rurale.

Un altro elemento di Eros è la "ragazza madre", che richiama alla mente la condizione della femmina in natura la quale si accoppia e resta incinta di non importa quale maschio. Generalmente la responsabilità è assegnata a chi ha sedotto e abbandonato la ragazza, e non ci sono dubbi, ma è anche vero che la ragazza ha scelto inconsciamente quel tipo di destino.

Il figlio senza padre non possiede il modello maschile e diventa isterico perché si può riconoscere solo nella madre. Avrà sicuramente problemi di relazione con l'altro sesso e un conflitto di autosvalutazione perenne a causa di quello che gli uomini hanno fatto alle donne – essendo lui un uomo – e un conflitto di rancore verso la madre che riverserà nei suoi rapporti con il femminile. La figlia femmina di una ragazza madre, invece, non potrà fare altro che aderire al modello materno e irrigidire il proprio femminile contro gli uomini senza saperne bene le cause.

Le origini del modello psicogenealogico risiedono, in realtà, non tanto nella madre quanto piuttosto nei genitori di questa. Fermarsi alla relazione con i genitori porta a poco: la lettura di un albero con almeno 3 generazioni permette di comprendere pienamente.

Un abuso origina un articolo preciso del codice di legge che la famiglia trasmette a ciascuno dei suoi membri: *gli uomini sono inaffidabili, pericolosi e meritano di pagare: essere donne non conviene perché significa essere abusate.*

Per ogni abuso, anche se è caduto nel completo oblio, si verificano nella terza generazione morti precoci, alcolismo oppure uomini e donne che rinunciano a sposarsi, sacerdoti o suore, o si può assistere alla presenza di abusanti e maniaci sessuali.

Per quanto riguarda le donne, a parte il trauma che ne deriva, possono diventare ragazze madri o avere problemi relazionali. La depressione nei discendenti è la conseguenza più frequente. Inoltre, problematiche genitali legate all'apparato riproduttivo (ciclo mestruale doloroso, menopausa precoce, compromissione dell'utero, problemi alle ovaie o prostata), problemi osteoarticolari e le cosiddette malattie del sangue (leucemia per i maschi, anemia e linfomi per le donne).

L'impossibilità di riconoscere il maschile si esplica anche in problemi economici sia per il maschio sia per la femmina. Gli eventi di natura sessuale fanno riferimento anche al tradimento del coniuge (relazioni extraconiugali) e ai figli concepiti fuori dal matrimonio.

A ciò va aggiunta la situazione della morte per parto della madre, dove all'Eros si aggiunge il Thanatos; questo è uno dei più significativi: un uomo colpevole di aver ucciso una donna a colpi di sesso. Questi eventi di Eros bloccano l'evoluzione dell'individuo su tutti i livelli.

A. mi contatta per leggere l'albero. Ha avuto un'infanzia e un'adolescenza serene, ma dai 20 anni la vita si è fatta difficile: si sposa e ha una figlia, poi rimane incinta ma, a seguito di una crisi con il marito, abortisce e si separa. Si sposa con un uomo tossicodipendente e ha un figlio maschio. Quando ha 7 anni, il figlio ha un incidente d'auto e rimane paralizzato agli arti inferiori.

Nell'incidente muoiono la madre di A., la sorella e la nipote. Anche il secondo marito, pochi anni dopo, muore. Quando la incontro mi dice che la figlia del primo matrimonio è entrata in comunità per problemi di alcool. Dall'esame del suo albero si vede che la nonna materna, di cui porta il nome, è morta per complicanze relative al parto. Questo a dimostrare che non è solo nella biografia che vanno cercate le cause dei problemi, ma anche e soprattutto nella genealogia.

Il Thanatos, la morte è l'altro elemento determinante della storia familiare. La morte prematura, ma anche la scomparsa (emozionale e concreta) e l'abbandono di una o più persone del nostro clan, portano a scompensi importanti.

A partire da un Thanatos non elaborato, si origina un preciso articolo del codice di legge familiare il quale prevede che i figli facciano da genitori ai rispettivi genitori. Anche il Thanatos, così come l'Eros, è un fatto sistemico, il che equivale a dire che non avviene mai per caso, è imposto da debiti nelle generazioni passate.

Una morte precoce o un abbandono, un mancato esercizio del ruolo di padre o di madre, l'anaffettività genitoriale e così via, sono l'esito di un sistema familiare strutturato su 3-4 generazioni. Quando questo accade, si assiste a una coazione a ripetere, a volte addirittura sconcertante, che mostra alberi genealogici che sono dei piccoli cimiteri.

I genitori proiettano sui figli i loro drammi irrisolti: i figli di una donna abusata subiranno inevitabilmente gli effetti del trauma non elaborato della madre: ci sarà un figlio condannato in quanto protrazione del conflitto (di solito il primo) e un altro preposto alla riparazione del conflitto (contratto di sostituzione e riparazione del conflitto). Lo stesso accadrà con le figlie.

La condanna del maschile, per esempio, è un fenomeno sempre più ricorrente che provoca non pochi problemi. Diversi gli esempi: la nonna o la bisnonna è stata sedotta e abbandonata dall'uomo con cui ha generato, lui è morto precocemente e l'ha lasciata sola con molti figli, una nostra antenata ha dovuto sposare un uomo amandone un altro, oppure una donna ha fatto 12 figli.

L'abbandono e la morte, così come il sesso, creano un fantasma transgenerazionale che scivola letteralmente di generazione in generazione creando una condanna del maschile che genera un indebolimento dell'archetipo e che può portare alla scomparsa letterale dell'elemento maschile.

Una donna che eredita inconsciamente un simile fantasma irrobustisce la parte più maschile e è portata a cercare uomini strutturalmente più deboli, in cui il modello femminile è forte e il maschile è debole.

L'uomo che proviene da questo modello è portato ad autocondannarsi nella propria identità maschile perché è congenitamente debole. La condanna dell'albero sul maschile porta alla morte prematura dei maschi. Il ragazzo, "condannato" dalla madre, svilupperà un rancore non consapevole verso il femminile che riverserà una volta padre sulla figlia primogenita.

Per la figlia il risultato è generalmente l'impossibilità di un sano rapporto col maschile e con le unioni di coppia, problemi mestruali, malattie dell'apparato genitale, disfunzioni tiroidee, schiacciamenti o ernie alle vertebre lombo-sacrali.

In altre parole, se nell'albero c'è condanna del maschile per eventi traumatici di Eros e di Thanatos (anche segreti) i discendenti, se maschi, saranno condannati a morti premature o a malattie o, per sopravvivere, dovranno avere un maschile basso (quieti, dimessi, servizievoli), mentre le donne saranno mascolinizzate.

La malattia è un campanello d'allarme, una sentinella costante rispetto alle deviazioni dal nostro vero, proprio e autonomo percorso di vita. Le malattie hanno origine e spiegazione nell'albero genealogico, così come le ansie, i timori, le depressioni e i problemi psicologici o psichiatrici.

L'esame e la lettura approfondita dell'albero e la consapevolezza di queste dinamiche permettono di sanare i conflitti interni, gli atteggiamenti sabotanti, le difficoltà relazionali. Armonizzare gli archetipi significa guarire e potenziarci.

Il sottosistema della fratellanza

Sapete ora su cosa porre l'attenzione: gli eventi di Eros e di Thanatos. Se avete impostato il vostro albero, vi suggerisco di segnare con l'evidenziatore queste situazioni, allorché conosciute. Ora l'analisi si fa ancora più interessante, vi spiegherò quali sono gli elementi *che ci fanno riconoscere* nel sistema famiglia possibili anomalie. Andiamo per gradi.

Come vi ho già accennato, i primi dati che si rilevano sono i nomi di fratelli e sorelle, le età, la sequenza esatta in cui sono nati, cioè la *composizione della fratellanza*. L'esame della fratellanza è un punto importante dell'analisi di un albero.

Dato che entriamo nel vivo dell'esame di un albero, vorrei qui puntualizzare che non è nostro scopo individuare colpevoli o smascherare mostri, ma desideriamo mettere in moto processi di guarigione per permettere alle risorse autonome che ciascuno possiede di attivarsi e portare ogni individuo verso la realizzazione psichica, emozionale e professionale.

Tutta l'analisi del sistema familiare è volta ad aiutare un individuo e a riposizionarlo su un piano realizzante senza spezzare i legami di appartenenza e d'amore, ma sostituendoli con altri consapevoli e liberi.

L'ordine di apparizione del genere

La legge generale del sistema familiare è che la configurazione del sottosistema della fratellanza rispetta l'ordine di urgenza psichica connessa alla relazione dei genitori con i loro genitori (i nonni). Se ci è mancato il padre, perché assente psichicamente e emozionalmente o perché è morto, sarà maschio il primo figlio che nascerà.

Cioè l'ordine di apparizione dei figli (il genere sessuale) rispecchia la relazione che i genitori hanno avuto con i loro: apparirà per primo un figlio maschio o una figlia femmina a seconda della carenza vissuta dal genitore: se con il padre o con la madre (i nonni). Si tratta sempre di entrambi i nonni o di entrambe le nonne: tutti e due i genitori concorrono infatti in egual misura alla creazione dell'identità psicosessuale dei figli.

La scomparsa di un genere

Qui riporto qualche esempio di composizione della fratellanza.

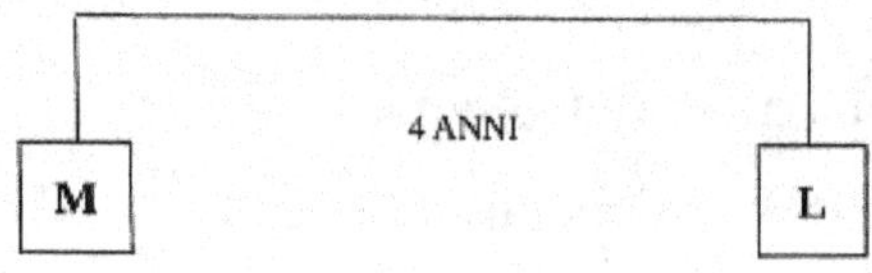

Due maschi a distanza di 4 anni

L'esempio di fratellanza riportato sopra indica un'assenza di genere femminile. Il sistema non genera femmine. Quando scompare un genere significa che i genitori hanno avuto conflitti con il genitore del genere scomparso (in questo caso con le nonne di M e L). Ciò comporterà, per M e L, difficoltà di relazione con il femminile.

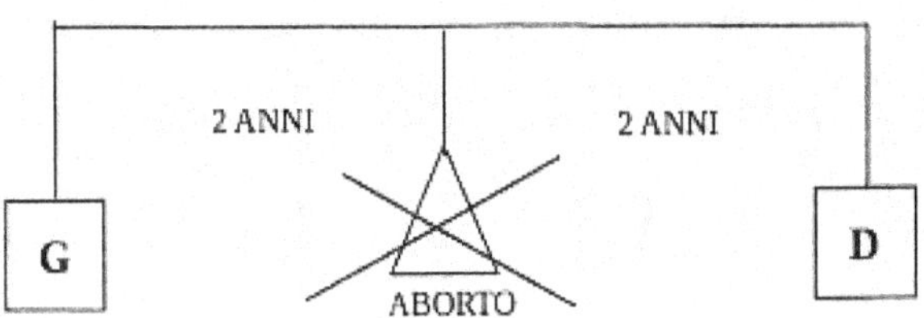

Due maschi a distanza di 4 anni in mezzo un aborto

Nell'esempio riportato sopra possiamo dire con certezza che l'aborto è femmina e quindi l'esclusione del femminile ha una connotazione un po' diversa. Il diktat può essere: "Le donne soffrono o muoiono presto, quindi non mettiamole al mondo". Si possono presumere abusi su donne oppure donne morte prematuramente o di parto o anche tradimenti.

Il sistema prova a produrre femmine, ma poi le abortisce. L'aborto di una femmina dimostra che c'è anche una componente di condanna del femminile, quindi conflitti dei genitori della fratellanza in esame con le rispettive madri. Anche in questo caso G e D avranno difficoltà di relazione con il femminile.

Vorrei qui far notare un concetto importante: la scomparsa di genere comporta un conseguente indebolimento anche dell'altro genere che comporta un'ovvia difficoltà di entrambi i generi di vivere liberamente la relazione con l'altro sesso.

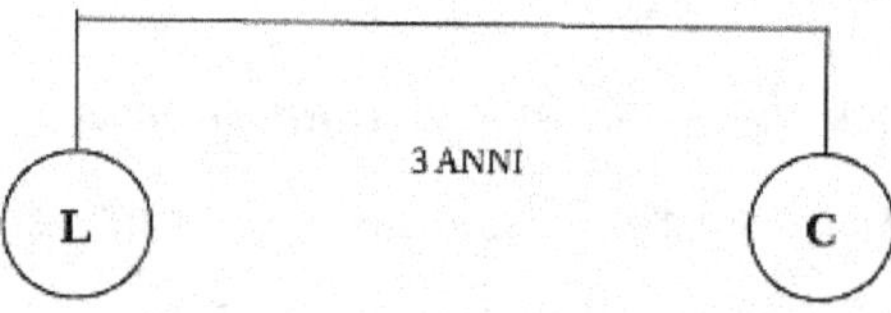

Due femmine a distanza di 3 anni

L'esempio di fratellanza riportato sopra indica un'assenza di genere maschile. Tale assenza comporta una condanna del genere, vale a dire che l'albero, nelle generazioni precedenti, ha imparato che i maschi sono pericolosi o che muoiono presto e dunque la fedeltà familiare invisibile e la memoria transgenerazionale impongono l'azzeramento del maschile.

In questo caso ci sono 2 ipotesi: o gli uomini sono morti presto o sono stati "brutti e cattivi". Il sistema non percepisce la "non colpa" o la responsabilità: non percepisce "Il nonno è morto in guerra" bensì "Il nonno ha lasciato moglie e figli e la moglie ha dovuto crescere da sola i figli". Quindi: "Gli uomini se ne vanno, non c'è da fidarsi è meglio essere cauti con loro".

Pertanto, quando appare una fratellanza di sole femmine, troveremo indietro nelle generazioni uomini che se ne vanno, che scompaiono, e le cause poco importano. Si tratta di psiche arcaica in cui non ci sono sfumature, la dualità è vita o morte, presenza o assenza, bene o male.

L'informazione codificata nel sistema genealogico della famiglia, e che si deposita nelle donne in oggetto, è che gli uomini sono pericolosi e non bisogna fidarsi. Non saranno le loro esperienze personali di vita a dar loro questo sentito, ma lo avvertiranno dentro; questo si chiama "fantasma psicogenealogico".

Le donne in oggetto non sono libere e non potranno avere una buona relazione con il maschile e quindi una buona relazione con se stesse.

La condanna del maschile

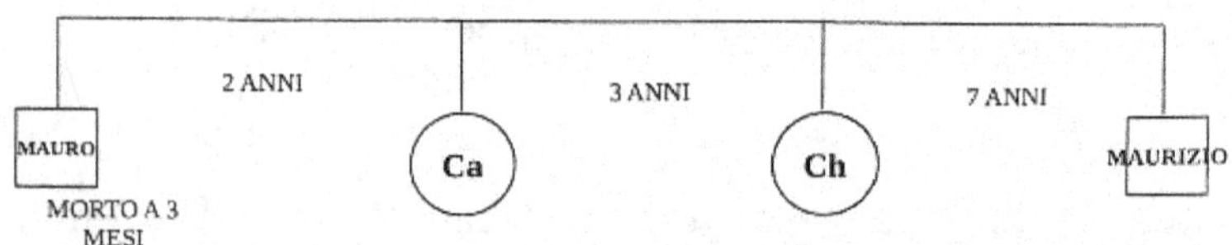

Un maschio morto a 3 mesi, poi due femmine e un maschio a distanza di 7 anni

Nell'esempio riportato sopra si ha una condanna del maschile con la morte di Mauro a solo 3 mesi e con un modello psicogenealogico che non vuole i maschi e, se li fa, li produce a fatica. Il maschio paga qualcosa che è accaduto indietro nelle generazioni.

L'unica ragione di questo Thanatos, che si esplica solo nei maschi, sono eventi legati all'Eros vissuti come traumi non elaborati. I maschi sono condannati per un esercizio deviato del sesso da parte di qualche uomo.

Da questa configurazione della fratellanza possiamo parlare di una relazione problematica dei genitori con i rispettivi padri, una relazione molto difficile, dato che ha comportato la morte a pochi mesi del figlio primogenito e le difficoltà consistenti di vita dell'altro figlio maschio.

La relazione che andrà esaminata è quella tra i genitori della fratellanza e i rispettivi padri (i nonni). Il quartogenito Maurizio sarà un figlio di sostituzione con tutte le ripercussioni che abbiamo indicato. Si chiama come il fratello (piccola variante).

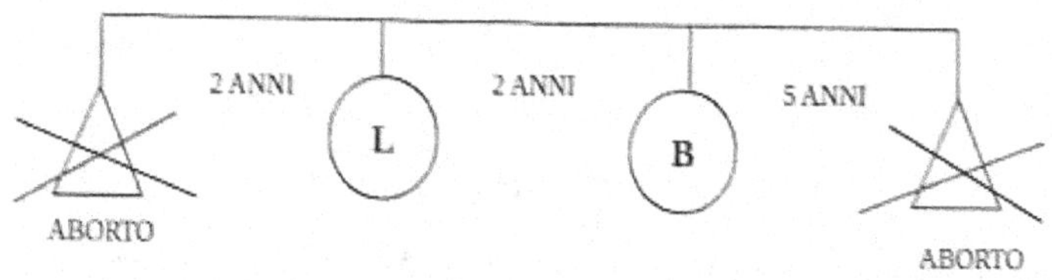

Un aborto, una femmina a distanza di 2 anni, un'altra femmina e dopo 5 anni un aborto

La stessa interpretazione – condanna del maschile – si rileverebbe se la configurazione avesse presentato aborti spontanei o volontari (prima, dopo e tra) come nell'esempio riportato sopra e la presenza di sole figlie femmine (come sopra). Gli aborti sono maschi e sono dovuti a eventi di Eros deviato nelle generazioni passate.

Riproponiamo il caso di sole femmine, ma andiamo più in profondità:

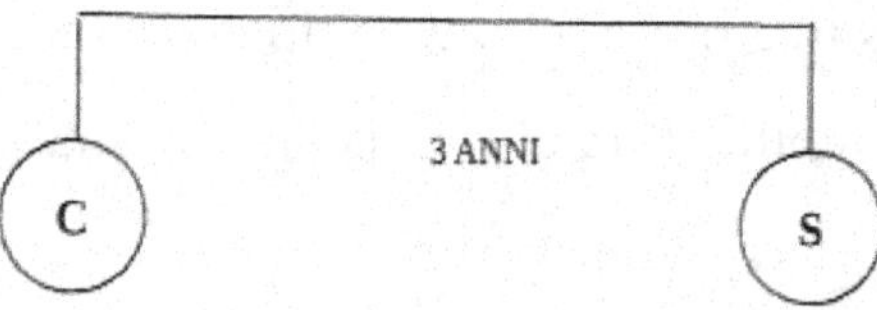

Questa configurazione, piuttosto frequente, ha una condanna del maschile come abbiamo visto nel paragrafo precedente. Può capitare in questi casi che una delle figlie, superati i quarant'anni, non abbia figli.

In Psicogenologia, se non hai figli hai un albero che non ti nutre e non ti dà *input* alla prosecuzione della specie: il biologico è bloccato. Se nasceranno discendenti maschi in questa fratellanza presenteranno forti problemi caratteriali: attacchi di rabbia, dipendenze, depressione, malattie.

Tornando alla fratellanza in esame, probabilmente una delle due avrà fenomeni di depressione, o psicosi, aborti, dipendenze e assenza di relazioni stabili o di figli. L'interpretazione è la seguente: il conflitto con il maschile è davvero forte, ha radici profonde nelle varie e diverse generazioni.

Su almeno una figlia, a livello inconscio transgenerazionale, si conserva un segreto che scende nelle generazioni e si trasforma in fantasma. Le figlie avranno un contratto di detenzione di un segreto con pesanti disturbi.

Un altro elemento importante, in questo caso non essendoci maschi, è che la primogenita prenderà la condanna del maschile, rendendo più libera la seconda.

Le malattie e i trami (anche handicap) cadranno con più frequenza sulla primogenita.

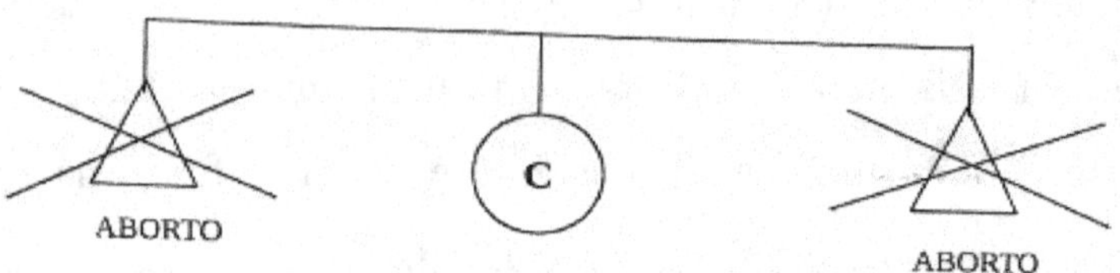

Una figlia femmina e 2 aborti: uno prima e uno dopo
Laddove ci sia una sola figlia e più aborti, invece, si può parlare di una condanna del maschile e del femminile. Queste condanne vengono esercitate dai genitori della fratellanza, ovviamente sul piano inconscio, e si possono inquadrare nell'ambito generale di quelli che abbiamo chiamato contratti di "protrazione del conflitto". *Sappiamo che i genitori proiettano sui figli le relazioni che hanno intrattenuto con i rispettivi genitori, quindi tali relazioni sono fondamentali.*

Ne risulta, come regola generale, che la presenza di aborti (si può rilevare se sono maschi o femmine come riportato sopra) o di bambini nati e morti in tenera età dimostrano una relazione problematica con i genitori (in relazione al genere sessuale dell'aborto) dato che ha comportato la morte di un figlio/a o di aborti. Tale relazione conflittuale è dovuta a traumi nella sfera del Thanatos, ma a volte anche dell'Eros.

L'assenza, ma soprattutto la condanna del maschile, comporterà una mascolinizzazione delle figlie (assenza di seno, fianchi stretti...) e ciò apparirà evidente, ma si concentrerà particolarmente su una di esse (in genere la primogenita) la quale fungerà, per il sistema famiglia, da schermo su cui proiettare al contempo l'impossibilità e la necessità di un figlio maschio.

Si può riscontrare una svalorizzazione derivante dall'impossibilità di essere donna (a causa della memoria e della fedeltà familiare invisibile). La necessità di "ingoiare e far proprio questo boccone" per fedeltà familiare può ingenerare anche disturbi consistenti al tubo digerente (ulcere, coliti ecc.) e, in parallelo, dei disturbi alimentari o dermatologici, in particolare nella primogenita, perché è simbolicamente il maschio che non ha potuto nascere se non all'interno di un corpo di donna.

Si possono manifestare anoressia e bulimia legate al dramma inconscio di non sapere se nutrire la donna o l'uomo che la famiglia ci ha posto dentro, dermatiti, psoriasi (conflitti di separazione) perché siamo separati dalla nostra vera identità. È evidente che tutti questi conflitti (boccone, autosvalutazione, separazione da sé e territorio), come vedremo bene nel capitolo dedicato alle 5 leggi biologiche, nascono come "binari" della patologia degli archetipi primari: il maschile e il femminile in conflitto, i quali si sono patologizzati a causa di problematiche di sesso o di morte nelle generazioni passate.

Ogni conflitto è rapportabile alla relazione tra maschile e femminile e lo scompenso è sempre su entrambi. Una figlia di ultima generazione con un modello di famiglia come riportato (con abusi sessuali nelle generazioni passate) è più a rischio di malattie. Quindi è la patologia degli archetipi primari che porta ad ammalarsi.

È tale patologia inconscia, insita nel sistema, a *predisporci* alla malattia; sarà poi un evento traumatico personale a far scatenare il disturbo. Quindi il conflitto primario sta nella nostra genealogia, quello secondario nella biografia (evento personale).

Ricomposizione della coppia genitoriale presso i figli

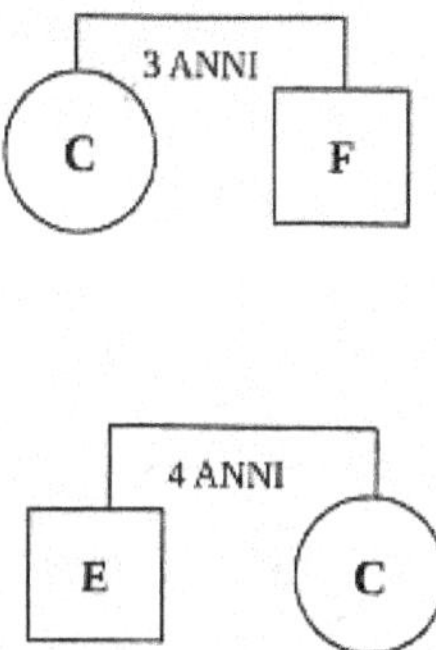

Un maschio e una femmina o una femmina e un maschio con meno di 5 anni

Quando la fratellanza comprende una delle composizioni riportate sopra (un maschio e una femmina o prima una femmina e poi un maschio) a una distanza temporale di meno di 5 anni *i genitori stanno cercando inconsciamente di ricomporre la coppia genitoriale* che, per uno dei due o per entrambi, è saltata sul piano concreto (uno dei genitori morti precocemente oppure spariti) o che è saltata sul piano psichico (genitori assenti).

Se ci fosse un aborto, si aggiungerebbe la condanna di uno dei genitori (a seconda del genere sessuale dell'aborto). Se ci fossero due aborti, potremmo dire che, oltre alla coppia saltata nella generazione dei nonni, ci sarebbe una condanna sia del maschile sia del femminile.

La morte precoce di un padre, o di una madre, determina sempre un trauma cospicuo nei figli e costituisce un credito da riscuotere che si trasforma in un debito per le generazioni successive. La coppia genitoriale può saltare non solo con la morte di uno dei due componenti, ma anche se la madre o il padre hanno concepito il figlio o la figlia con un altro uomo o un'altra donna, ad esempio mantenendo il segreto su questo fatto. Il fantasma di uno dei due membri della coppia genitoriale si innesta nei figli a livello inconscio e questi si troveranno nella condizione di dover inconsciamente ricostruire presso i loro figli la coppia genitoriale così saltata e che è loro mancata. *La biologia svela ciò che è rimasto segreto.*

Minore è la differenza di età tra i figli che compongono la coppia e maggiore sarà stato il trauma psichico, arriva al culmine con la coppia di gemelli maschio e femmina i quali costituiscono la necessità di ricomporre, nello stesso momento, la coppia genitoriale di cui si è sofferta la carenza. Importante è l'ordine di apparizione nella fratellanza: se prima un maschio o una femmina. Se è il maschio a nascere per primo, la carenza è sui nonni, se è invece la femmina a nascere prima, la carenza è sulle nonne.

Il contratto di genitorializzazione è la forma contrattuale imposta: se per esempio la madre è a credito della figura materna, la figlia sarà per forza di cose la depositaria di questa proiezione di sostituzione e il figlio che la segue a breve distanza sarà il padre (cioè il nonno).

Se il padre sopravvissuto alla madre è stato vissuto psichicamente come il responsabile della sua scomparsa e del trauma che ne è conseguito – come nel caso di una morte per parto o di una figlia costretta ad andare in collegio dopo la morte della madre – allora il figlio nato a poca distanza dalla figlia genitorializzata è automaticamente il depositario del contratto di protrazione del conflitto per aver fatto scomparire la madre.

A un contratto (genitorializzazione) se ne può aggiungere un altro (condanna). In tal caso le conseguenze possono essere forti: morti precoci, malattie, dipendenze.

Protrazione e soluzione del conflitto

La qualità del rapporto tra i genitori e i nonni determina il tipo di contratto relazionale a cui sono sottoposti i figli. Se il rapporto è stato conflittuale, saranno depositari di un contratto *di protrazione* del conflitto, se il rapporto è stato *di abbandono*, questo sarà ripetuto con i figli o verrà stipulato un contratto di *genitorializzazione* sostitutiva.

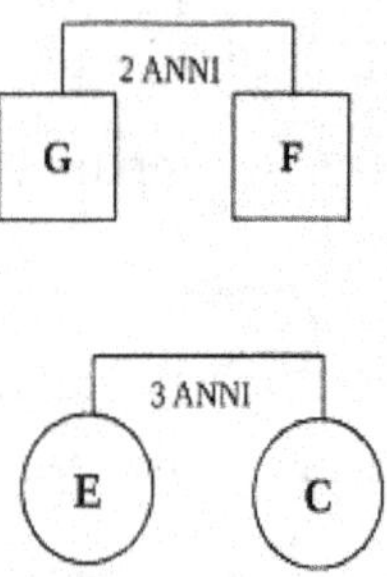

Quando i figli sono due e dello stesso sesso, il conflitto si protrae con uno, mentre l'altro sarà la soluzione del conflitto. La regola di protrazione del conflitto con un figlio e di soluzione con l'altro (dello stesso sesso) è esasperata nei gemelli dello stesso sesso.

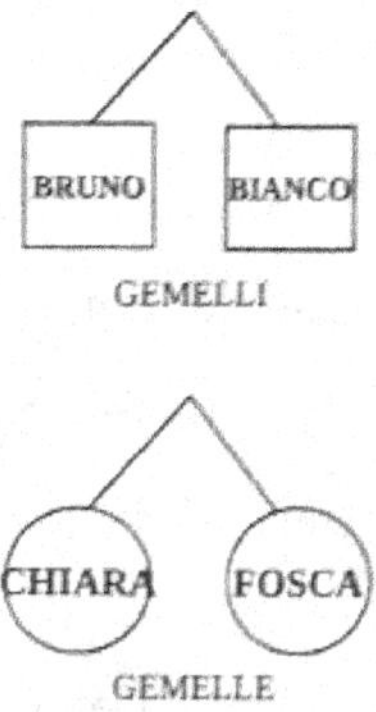

Anche nel caso dei gemelli, ce ne sarà uno che è la protrazione del conflitto con il genitore del sesso relativo e l'altro che sarà invece la soluzione del conflitto. Ma i gemelli ci dicono altro.

I gemelli dello stesso sesso rappresentano il tentativo di riprodurre la doppia faccia del proprio padre o della propria madre. Questa doppia faccia può essere dovuta a tradimenti del coniuge (la madre o il padre hanno un/una amante stabile), a bigamia (concepimento e/o figlio/a extraconiugale), oppure per doppia faccia si intende quando un padre o una madre morti precocemente vengono sostituiti da un altro uomo o da un'altra donna i quali diventano un nuovo padre o una nuova madre in sostituzione del primo o della prima.

I figli unici

La posizione di figlio unico o di figlia unica ci dice che, se c'è solo un maschio, il conflitto è con le nonne, dato che non ci sono femmine, mentre, se c'è solo una femmina, il conflitto è con i nonni, dato che non ci sono maschi.

I figli unici sono investiti di uno dei contratti sopra indicati o protrazione o soluzione del conflitto o genitorializzazione. I figli unici possono inoltre essere compresi in un "triangolo drammatico" che prevede l'alleanza con la figura genitoriale dell'altro sesso, a scapito dell'altro genitore, e *la chiusura in quest'alleanza* ("la principessina del papà" e "l'ometto prezioso" della mamma). Ciò ne influenza la possibilità di relazione con l'altro genere sessuale.

Contratti firmati con il sangue

Come abbiamo visto nei paragrafi precedenti, i figli sono depositari di contratti relazionali che Antonio Bertoli chiama "contratti firmati con il sangue", perché si tratta di contratti *obbligatori e vincolanti che i figli sono costretti a firmare.*

Tali contratti rappresentano la *contropartita* che ogni figlio deve pagare per la soddisfazione dei bisogni primari (accudimento, appartenenza). Tutti i figli hanno un debito primario nei confronti dei genitori per il fatto che hanno dato loro la vita e li hanno portati all'autonomia.

La contabilità familiare genera *contratti relazionali individuali* per ciascun figlio, ovvero obblighi e divieti a cui attenersi, stipulati ancor prima del concepimento e del parto, nell'originario dei genitori: il modo in cui questi hanno pensato e proiettato inconsciamente la stessa idea del figlio o della figlia che genereranno.

Dai primi momenti della propria vita, il figlio assorbe l'atmosfera familiare e registra ciò che il clan che lo accoglie si aspetta da lui. *Egli integra e fa progressivamente sue tutte le clausole del contratto relazionale che gli viene sottoposto, relativo ai bisogni dei genitori e a quelli dell'intero sistema familiare da cui proviene.*

Nel corso della crescita, il contratto subisce delle influenze dall'ambiente, dal clima sociale e dagli eventi. Il bambino reagirà con tutta una serie di caratteristiche: capacità, temperamento, forza, sensibilità, ma per tutta la vita effettuerà scelte e rettifiche rispetto al contratto iniziale che ha dovuto sottoscrivere, e questo anche in ambito relazionale e professionale.

I contratti distribuiti tra fratelli e sorelle sono sempre diversi gli uni dagli altri e si rivelano complementari dal punto di vista dei genitori, in base ai debiti e ai crediti, alla giustizia e all'ingiustizia familiare di cui sono portatori. La proiezione psichica risponde al bisogno dei genitori di realizzare tramite il figlio quello che non sono riusciti a realizzare, o placare le inquietudini e le angosce, o salvare una relazione alla deriva ecc.

Il meccanismo della proiezione, assegnando il materiale psichico a un figlio, offre un allentamento delle tensioni interne e un sollievo. *Tali contratti sono sottoscritti dai figli in maniera obbligatoria, inconscia, pena la sopravvivenza.* I contratti relazionali sono diversi, qui ne esamineremmo alcuni.

Contratto di sostituzione

Quando un genitore non riesce a elaborare un lutto o una perdita può effettuare una proiezione sostitutiva continuando a far vivere la persona defunta trasferendo una parte dell'identità del morto nel bambino appena nato. Il processo di elaborazione del lutto viene bloccato incorporandolo nel figlio.

Un padre o una madre scomparsi precocemente, così come un figlio morto in tenera età, danno luogo a un contratto di sostituzione proiettiva in un figlio dello stesso sesso. Se si tratta di un genitore morto, il contratto di sostituzione si aggiunge a quello di genitorializzazione.

La proiezione sostitutiva genitoriale può avvenire in termini positivi o negativi, secondo la relazione che i genitori hanno intrattenuto con i loro genitori. *In ogni caso il contratto di proiezione sostitutiva tocca l'identità dell'individuo in modo profondo. In realtà ne siamo tutti depositari, perché è inevitabile che i genitori proiettino sui figli tutto ciò che non hanno risolto con i loro genitori.*

È da questa proiezione inconscia che derivano tutti i disagi fisici e emozionali. Rinunciare a se stessi in forza dei legami a cui si è vincolati per contratto significa un'evoluzione psicologica frenata, deviata e perturbata.

Contratto di protrazione di un conflitto

Tale contratto assegnato al figlio rappresenta un'occasione, per i genitori, di protrarre o risolvere un conflitto lasciato in sospeso nel corso delle generazioni, in particolare con il padre o la madre. Nella migliore delle ipotesi, consente di avere una maggiore consapevolezza e di sviluppare risorse e saggezza.

Assume invece un carattere devastante per il figlio quando è basato fin dall'inizio su un rifiuto che il figlio percepirà da parte dei genitori senza capirne le ragioni.

Il figlio farà fin dall'inizio le spese di una guerra non sua ma che, a poco a poco, finirà per appartenergli. Il figlio capterà emozioni negative da parte dei genitori, senza poter immaginare di essere il veicolo di una storia relazionale che i genitori hanno avuto con i loro genitori, i nonni. Tale contratto a volte sfocia nella morte precoce di un figlio e è all'origine di disagi psicologici e di sintomi fisici.

Contratto di prolungamento

Più alti sono i compromessi a cui un genitore è dovuto scendere durante la vita nell'ambito della realizzazione sentimentale e professionale, maggiore sarà la tentazione a far vivere ai figli ciò che a lui è stato precluso, che non è riuscito a diventare.

Tale contratto trasferisce sui figli i sogni di realizzazione di sé e di relazione con l'altro sesso che il genitore non è riuscito a realizzare. Spesso si tratta degli ultimi figli in ordine di nascita.

A volte succede che il prolungamento si realizzi nel contratto di due figli: al figlio maggiore viene affidata la prosecuzione della responsabilità associata al ruolo genitoriale, mentre su quello più giovane incombe quella dell'identità sognata, associata al ruolo di uomo o di donna o ai desideri professionali non realizzati.

Il genitore di regola dimostra una grande ammirazione per il figlio a cui viene affidato il compito del suo prolungamento e ha un atteggiamento incoraggiante. Può accadere che le aspettative assumano tratti spropositati diventando rimproveri e frustrazioni.

Contratto di coniugalizzazione

Questo contratto si esplica quando il figlio diventa il depositario di quella relazione coniugale idealizzata che il genitore non ha trovato o non trova con il partner. Più il feeling e l'armonia vengono meno all'interno della coppia genitoriale, più forte diventa la tentazione di creare figli-coniugi.

Può accadere che il genitore spodestato si getti in una competizione con il figlio o con la figlia per riprendere il suo posto rispetto all'altro coniuge: i figli coniugalizzati si ritroveranno allora rifiutati da un genitore e adulati dall'altro con conseguenze gravi.

Tale contratto si instaura anche nel caso di un allontanamento prolungato di un genitore o in caso di morte o separazione, quando quindi un posto è lasciato vacante: il figlio assume il ruolo di coniuge.

Il figlio viene mobilitato a riempire il vuoto di uno dei genitori, creando problemi con il partner o influenzando profondamente la vita personale e la carriera. Il figlio adulto farà fatica a costruirsi una vita privata; potrebbe scegliere il celibato, prigioniero della coppia creata con il genitore.

Contratto di genitorializzazione

Di questo contratto abbiamo già parlato nei paragrafi precedenti. Tale contratto comporta l'obbligo psichico di sostituire il padre o la madre di cui un genitore o entrambi sono a credito. Il suo effetto immediato nella vita adulta è la maternalizzazione o la paternalizzazione di chiunque con cui si entri in relazione e, normalmente, l'assenza di figli o la difficoltà a concepirli.

E ancora, difficoltà ad avere una vita propria, sacrificio, solitudine. Possono non avere altra dimensione personale o quotidiana che quella della famiglia di origine. Faticano a vivere la loro creatività, le loro aspirazioni, costretti nel ruolo che la famiglia ha imposto loro.

La scelta del coniuge

Anche la scelta del coniuge non avviene a caso, siamo influenzati dalla contabilità del nostro albero. Scegliamo un coniuge che abbia nell'albero eventi simili e un sistema di crediti e debiti speculare. Se dobbiamo far pagare qualcuno, troveremo un partner che deve pagare. Se siamo uomini condannati da nostra madre, troveremo una donna che deve far pagare un uomo.

Sabrina consiglia: come avete visto, l'esame della fratellanza, le malattie, i destini di vita ci fanno capire tante cose. L'esame ci dà importanti indicazioni, ci rende consapevoli e ci dice su cosa agire per sanare il sistema famiglia.

Se i dati sono pochi, andate per gradi: iniziate a segnare il significato della vostra fratellanza, quella dei genitori e, se avete buoni dati, anche quella dei nonni, e iniziate a segnare i possibili contratti. Ricordate che la narrazione di un albero, la scoperta dei contratti di cui siamo portatori, la scoperta di un segreto è di per sé una guarigione. La presa di coscienza è, per alcuni consultanti, sufficiente a risolvere il disturbo emozionale, relazionale o professionale.

Ricordate il "libro dei crediti e dei debiti". Ci sono anche i crediti! Se nel nostro albero c'è una condanna di un genere, quindi un debito ma, senza che nessuno lo sappia, c'è stato qualcuno che, una mattina d'estate, vedendo un ragazzo annegare, si è tuffato e lo ha portato in salvo, quest'azione può sanare un albero e liberare tutti i discendenti.

Tenete bene a mente ciò per comprendere l'importanza delle Costellazioni familiari e degli atti liberatori che vedremo nei prossimi capitoli.

RIEPILOGO DEL CAPITOLO 2:

- SEGRETO n. 1: in quanto membri di una famiglia portiamo (inconsciamente) le regole familiari elaborate nelle ultime 3-4 generazioni.

- SEGRETO n. 2: eventi di morte prematura e di Eros deviato determinano un'alterazione negativa della trasmissione genealogica, uno squilibrio tra maschile e femminile che genera la "patologia degli archetipi primari".

- SEGRETO n. 3: Eros e del Thanatos sono determinanti perché costituiscono gli elementi primari per la conservazione e la riproduzione della specie.

- SEGRETO n. 4: Eros e Thanatos non avvengono a caso, ma sono imposti da debiti e crediti nelle generazioni passate.

- SEGRETO n. 5: esiste una stretta relazione tra lo squilibrio familiare e le patologie del corpo.

- SEGRETO n. 6: ogni composizione della fratellanza ha un significato preciso.

- SEGRETO n. 7: ogni figlio è depositario di un contratto, per lo più inconscio, imposto dalla famiglia.

Capitolo 3:

Come comprendere le malattie

Nel giugno 2017, mia sorella Stefania mi regala per il compleanno un seminario di Igor Sibaldi: "I maestri invisibili". Qualche settimana prima, Stefania mi annuncia: «Dobbiamo scrivere i 101 desideri come dice Sibaldi!»

La tecnica è semplice: prendete 2 quaderni, la brutta e la bella. Elaborate 150 desideri nella brutta e lì pasticciate, esplorate, tentate, sognate. Qui la pratica si fa difficile, dopo 10-15 cose materiali che desiderano tutti, iniziano, con un po' di introspezione, a emergere i desideri profondi, quelli intimi, fatti di esperienze e incontri magici, i desideri dello spirito.
Dopo aver elaborato i 150 desideri, se ne scelgono 101 per la bella che saranno quelli definitivi.

Al numero 43 c'era «Voglio incontrare il dottor Ryke Hamer e ringraziarlo». Il dottor Hamer è morto pochi mesi dopo, il 2 luglio

2017, a 82 anni, due giorni prima del mio compleanno. Questo capitolo è il mio omaggio a lui.

In questa parte traccerò le linee di fondo della Nuova Medicina Germanica fondata dal dottor Hamer. Non ho la pretesa che possiate comprendere appieno il suo pensiero. Il desiderio è che maturi in voi la voglia di ampliare e approfondire questo argomento a cui il dottor Hamer ha dedicato tutta la sua vita e la sua salute fisica e psichica.

Per me studiarla e metterla in pratica è stata un'esperienza importante e è un onore provare a farvi venire questa curiosità. Per il mio lavoro, lo studio della medicina di Hamer è importante e mi ha dato competenze fondamentali. Vi chiedo gentilmente di non saltare la parte dedicata alle 5 leggi biologiche, passando a consultare il vostro disturbo, la prima parte è importante: se capite questa, siete guariti.

Dottor Ryke Geerd Hamer
Ryke Geerd Hamer nasce il 17 maggio 1935 in Germania. Si laurea in teologia, fisica e medicina, specializzandosi in psichiatria,

neurologia e medicina interna, con una tesi sui tumori cerebrali. Ciò che lo interessava di più, a causa della sua esperienza con gli internati nei reparti psichiatrici, è lo studio delle psicosi.

Il destino ha però in serbo per lui un percorso diverso. Nell'estate del 1978, il figlio Dirk, di 19 anni, mentre dorme su una barca presso l'isola Cavallo, viene gravemente ferito da un colpo di fucile sparato da Vittorio Emanuele di Savoia in evidente crisi psicotica. Dopo 111 giorni, Dirk muore. Per la famiglia è un enorme trauma. Nei mesi che seguono, Hamer è colpito da un cancro ai testicoli ma, data la formazione medica, imputa il cancro soltanto in un secondo momento al trauma subito.

Seppur malato, continua a lavorare in un ospedale di Monaco di Baviera nel reparto di ginecologia dove sono ricoverate pazienti ammalate di cancro. Hamer le interroga e scopre che, come lui, tutte hanno subito un grave trauma emotivo nei mesi precedenti l'apparizione del tumore. Hamer, licenziato dall'ospedale per aver parlato ai media delle sue scoperte, continua le sue ricerche in un ospedale di Colonia dove sono ricoverati malati di cancro ai polmoni. Verifica che anche per questi malati c'è una relazione causa-effetto tra trauma emotivo e scatenarsi delle malattie, salvo che qui il trauma è diverso. Tra il cancro ai polmoni e il fumo non ci sono relazioni in quanto la metà dei malati non fumava.

Nel 1981 Hamer scrive una tesi sulle sue ricerche allegando 200 cartelle cliniche e la descrizione di 70 casi, controfirmate dai medici responsabili dei diversi reparti che avevano verificato le sue tesi. L'Università di Tübingen rifiuta la verifica e, 6 mesi dopo la presentazione dello studio, le cartelle scompaiono. Secondo la facoltà di Medicina dell'Università le scoperte di Hamer non sono riproducibili e quindi non scientifiche.

Da questo momento la vita professionale di Hamer diventa complicata e, nel 1986, viene radiato dall'Albo dei medici per non aver abiurato le sue teorie. Sarà solo nel dicembre 1989 che vedrà le sue scoperte riconosciute dal titolare della cattedra di cancerologia dell'Università di Vienna. Ma il boicottaggio continua, non gli sarà permesso il reintegro nell'Ordine e verrà incarcerato per aver dato suggerimenti a un malato.

Dopo quasi un anno di prigione, l'Università di Trnava, in

Slovacchia, conferma ufficialmente la verifica della Nuova Medicina Germanica del dottor Hamer.

Mi piacerebbe che un giorno tra medico e paziente avvenisse una conversazione simile a questa.

Dott.: Giovanni, ottimo, è guarito, c'è voluto un po' ma, mi dica, quanto tempo ci ha messo a guarire completamente?

Sig. Rossi: Mah, direi che i primi sintomi li ho avuti martedì 17, avevo un incontro con il comitato con cui collaboro e, quando sono tornato a casa, ho iniziato a stare male...

Dott.: Allora in totale l'attacco di cervicale è durato 6 giorni, è finito ieri giusto?

Sig. Rossi: Sì, esatto ho davanti la mia agenda.

Dott.: Arrivederci.

Sig. Rossi: Arrivederci? Ma, mi scusi... perché mi è venuto questo attacco di cervicale?

Dott.: Vediamo, allora tenga ancora l'agenda... I primi sintomi li ha avuto il 17 giugno, sono durati 6 giorni, quindi 17 meno 6; l'11 giugno è successo qualcosa in relazione a una "svalutazione intellettuale".

Sig. Rossi: Svalutazione intellettuale? Mah! Mi lasci pensare. Quel

giorno ho avuto una riunione e il mio superiore, davanti ai colleghi, ha detto che il mio report era spazzatura e non serviva a nulla, poi mi ha preso da parte e ha rincarato la dose. Alcuni giorni dopo si è scusato dicendomi che aveva esagerato. Quindi, era questo l'evento? Non era l'aria condizionata dell'ufficio?
Dott.: Non lo era.

Ho fede che, al massimo tra 10 anni, ci saranno conversazioni simili.

Le 5 leggi biologiche
Il modello delle 5 leggi biologiche rappresenta tutto un insieme di scoperte (in verità Hamer non inventa nulla) che portano alla luce le leggi biologiche, che sono la rappresentazione del nostro funzionamento da un punto di vista psicologico e biologico. Quindi gli studi di Hamer rispondono alla domanda: come funzioniamo?

Tali leggi parlano di **connessione mente-corpo** perché queste due entità sono in stretta connessione. La vera novità di queste scoperte si può ricondurre a due concetti principali. Il primo è che finalmente, grazie a questo tipo di conoscenza, riusciamo a rispondere a quella domanda a cui ancora oggi la medicina ufficiale non riesce a dare risposta e che è: qual è la causa della malattia?

L'altro elemento-pilastro di questo modello è la rivalutazione del concetto di malattia. La malattia è un processo virtuoso, con una logica precisa e perfetta, attraverso il quale il corpo ritrova l'equilibrio che aveva precedentemente perduto.

Nella parola malattia è insito il termine male, quindi, sia per quanto riguarda la medicina ufficiale, ma anche nell'opinione pubblica generale, è un concetto che richiama qualcosa che il corpo sta facendo di sbagliato, qualcosa che si sta manifestando perché chissà che cosa abbiamo fatto di male o di sbagliato.

Se invece comprendiamo il modello delle 5 leggi biologiche, capiamo che nella malattia il corpo sta facendo un lavoro fisiologico per ritrovare l'equilibrio che aveva perduto in precedenza. *Quando abbiamo i sintomi della malattia, il corpo si sta comportando perfettamente e sta seguendo un processo perfetto rispondendo a quelle preziose e efficienti leggi che ci hanno permesso di evolverci, evitando l'estinzione dell'essere umano.*

Quando avevamo perduto questo equilibrio? A monte di questo processo si è verificata quella che è veramente la causa della malattia, cioè il comune denominatore sotto il quale si possono valutare tutte le espressioni sintomatologiche del corpo; c'è uno shock, un evento traumatico.

Qui comprendiamo la connessione mente-corpo. Si tratta di uno shock biologico, non psicologico: noi non ci ammaliamo perché siamo stressati, ma perché viviamo una situazione che ci coglie in contropiede.

La malattia, quindi, di fatto è una manifestazione lungo un percorso, un processo bifasico che è insito nella natura, cioè è una legge di natura che coinvolge tutti gli esseri viventi. Tutti i nostri tessuti, compresi i nostri organi, si comportano seguendo questa legge bifasica con precise regole.

La malattia (con i sintomi) rappresenta una parte di questo processo, la seconda e ultima parte, in cui nel nostro corpo c'è un ripristino, un momento di recupero funzionale rispetto a quello che ha manifestato nella parte precedente. I sintomi si hanno quando il corpo sta guarendo e è uscito dal conflitto.

Quando viviamo uno shock biologico, entriamo in una fase di attivazione di una serie di processi fisiologici (processi biologici *sensati*) senza sintomi evidenti e, quando usciamo e superiamo il conflitto, i processi biologici precedenti si disattivano attivandone altri e manifestando quella che è la nostra patologia (è in quel momento che consultiamo un medico).

La vera rivoluzione, grazie a Hamer, è comprendere che, quando noi viviamo normalmente la nostra vita, la viviamo in maniera automatica nella maggior parte delle nostre attività fisiologiche: noi non dobbiamo controllare il nostro battito cardiaco, né la respirazione o il processo digestivo e così via.

Abbiamo tutta una serie di dinamiche che gestiscono il sistema neurovegetativo e questo funziona in un'onda di andata e ritorno alla normalità fintanto che, a un certo punto, un individuo vive un determinato shock, cioè un evento che prende alla sprovvista, in contropiede, una tegolata tra capo e collo (un abbandono, un lutto, una perdita improvvisa).

Allora, in quel momento, tutto si interrompe, la vita quotidiana viene rivoluzionata e il nostro sistema automatico, quello che controlla la respirazione in automatico, il sistema parasimpatico prende il controllo su di noi e reagisce con la modificazione fisica di un organo.

Per non distruggersi completamente, il sistema parasimpatico coinvolge un organo preciso abilitato dalla biologia a svolgere quella determinata funzione in base al trauma vissuto. Tutto ciò che sto vivendo in quel momento, che sto pensando in quel momento, svanisce perché, in maniera automatica e imprevista, io devo far fronte a questo evento e il nostro sistema risponde a ciò prontamente.

Cos'è questo evento? Possono essere infinite le situazioni che ci causano un shock biologico, ma ciò che determina, fondamentalmente, è un'emozione: un'emozione viscerale. Io posso affrontare una situazione di stress ma, se la prevedo e riesco a gestirla con le mie capacità di pensare e di programmare, la supero al meglio. È quando qualcosa ci coglie in contropiede e inaspettatamente e la nostra mente non è più grado di gestire questa situazione che subentra il corpo.

In base all'**emozione che io vivo** durante questo evento, si attiveranno nel mio corpo i tessuti e gli organi giusti per farvi fronte; quindi io non attivo mai gli organi sbagliati, io attivo sempre gli organi più giusti per fare fronte a quell'emozione che colora il senso di quell'organo; perché un organo non è soltanto un pezzo del corpo, ma l'evento attiva l'organo che ha la funzione relazionata al mio sentito viscerale, non ciò che io penso, ma si attiva questa risposta adattiva a quello che sto vivendo.

Dobbiamo comprendere bene che, nel momento del manifestarsi dei sintomi, il corpo sta semplicemente restituendo quello che ha dovuto spendere prima, nel momento in cui l'individuo ha vissuto una fase traumatica inaspettata che lo ha colto in contropiede.

Facciamo un esempio di cosa significa shock biologico e la sua attivazione. Supponiamo che io domani vada a lavorare nel mio solito contesto aziendale, di cui sono soddisfatto, e il mio capo mi chiami in ufficio e mi dica subito, senza preamboli, che da domani non farò più parte dell'azienda. In quel momento vivo un shock inaspettato, ma sarà *il colore delle emozioni* che provo in quel momento a farmi vivere e a farmi partire un'attivazione biologica automatica nel corpo.

Se per esempio in quel momento la mia dinamica emotiva consiste nel sentire che perdere quel lavoro per me significa non avere più lo stipendio, e quindi non potere più procurare il cibo per me e per la mia famiglia, e quindi vivo visceralmente una sensazione di **paura di morire di fame**, attiverò il parenchima del fegato, perché quella zona dell'organo è adibita a metabolizzare le sostanze nutrienti che mi arrivano dall'esterno e è collegata a questa emozione.

Quindi, cosa mi succede? In quanto **animale biologico** ed essere umano, fintantoché non trovo una soluzione per uscire da questa dinamica che mi tiene così attivo, attiverò l'organo preposto biologicamente a questo scopo.

Nel caso di questa emozione che coinvolge il fegato, "moriremo di fame" attiverà la proprietà tipica di questo organo, quindi crescerà, aumenterà nella sua funzione, avrà una crescita cellulare, ma tutto questo non è sbagliato, è funzionale, è un senso biologico, perché dobbiamo comprendere che, per quella persona che in quel momento vive quella dinamica conflittuale, quell'emozione è "paura di morire di fame".

Nella mia unicità percepisco con quel colore emotivo la crescita del fegato è sensata perché quell'organo, in quel modo lì, assorbe quel poco di nutrimento che il mio percepito mi fa arrivare: il senso biologico è quello di creare noduli, piccoli granai per immagazzinare il cibo e quindi aumentare il volume del fegato affinché il corpo possa avere delle riserve in attesa di tempi migliori.

Quando in qualche modo trovo la soluzione al mio conflitto – quindi, in questo caso, quando trovo un'altra attività lavorativa – è come se questa "eruzione emozionale", che mi teneva così in agitazione, si sciolga dentro e sono entrato in quella fase che è la seconda parte di questo programma biologico sensato relativo al fegato, ma che vale per tutti i nostri organi e tessuti – che tecnicamente viene chiamata vagotonica. Si scioglie quell'emozione, ho un sentito di sollievo, come se cadesse un peso, allora si attiva il processo contrario a quello della crescita cellulare che avevo manifestato, si attiverà un processo che la medicina ufficiale chiama "necrosi caseosa" e è da quel momento, che io avrò la **sintomatologia** e incominciano i sintomi evidenti e andrò a farmi visitare da un medico.

I sintomi sono la risultante della soluzione che ho trovato – finalmente sono riuscito a trovare un altro lavoro – a risolvere questo mio conflitto biologico che ha attivato questa mia preoccupazione. È quando risolvo questa paura viscerale di morire di fame, è da lì che avrò i sintomi, che andrò dal medico, e è lì che ricevo la diagnosi.

Qui sta la chiave di tutto. Se io so e comprendo che in quel momento il mio corpo sta facendo **una cosa intelligente**, perché non sono più nella fase di attivazione di prima, ma ho sintomi perché sono uscito dal conflitto e il sistema intelligente del mio corpo inverte la rotta e porta a una riduzione cellulare (nel caso del fegato).

L'errore sta nel fatto che è proprio quello il momento in cui mi preoccupo ancora di più, non ricevo spiegazioni e, non solo, probabilmente posso recidivare questa condizione perché, al momento della diagnosi, avrò un'altra tegolata che innescherà altre attivazioni.

Questo in breve è quello che ci dice il modello delle 5 leggi biologiche. Psiche e corpo sono strettamente collegati in una dinamica perfetta e virtuosa per la sopravvivenza dell'individuo, come questo modello spiega tutte le malattie in maniera dettagliata.

Il nostro corpo con la malattia non è contro di noi, ma è nostro alleato, semplicemente, quanto arriva qualcosa di forte e inaspettato, il corpo bypassa la mente troppo lenta per salvarsi e dà il via ad attivazioni biologiche sensate (modificazioni), atte a farci superare il conflitto e a permetterci la sopravvivenza.

Quello che noi siamo oggi è la risultante del presente di una storia evolutiva che dura miliardi di anni e tutti questi processi biologici sono stati costruiti in termini evolutivi filogenetici per assolvere a tutte le difficoltà che, nel corso dell'evoluzione, la vita, nella nostra specie, ha incontrato e ha dovuto superare, memorizzandola come la strategia vincente, incamerandola e protraendola nelle generazioni a venire.

La conoscenza delle leggi biologiche comporta il risveglio e la piena comprensione di una situazione che prima non riuscivamo a spiegarci e quindi, con tali informazioni, riusciamo ora a comprendere la malattia, riducendo notevolmente la paura di fronte a una diagnosi e a evitare, così, altri shock da diagnosi. Quando siamo nella fase sintomatica, stiamo guarendo, quindi manteniamoci più tranquilli possibile perché il nostro corpo si è attivato e sta tornando allo stato di salute.

Ciò che ci serve è collaborare con il medico, sapendo quello che ci è successo possiamo comprendere meglio e, indipendentemente dalla terapia che viene utilizzata, è importante comprendere che il momento della sintomatologia e di dolore, di fatto va accompagnato, non va combattuto come lo combatte la medicina classica che, di fronte a una crescita tumorale, incomincia subito ad applicare un protocollo.

È fondamentale dare il tempo alla persona di comprendere con calma insieme al terapeuta quello che sta avvenendo, perché il corpo non è stupido; dobbiamo comprendere che **il nostro corpo è intelligente** e che di fatto fa sempre quello che gli chiediamo.

Quindi, con le 5 leggi biologiche andiamo a comprendere il trauma originario e, se abbiamo superato il trauma, il nostro corpo, attraverso i sintomi, naturalmente guarisce. *Per guarire pertanto è necessario un viaggio all'interno di noi stessi che richiede coraggio e flessibilità, ma che porta enormi soddisfazioni.*

L'emozione viscerale che scatena la relazione biologica dipende dalla storia personale e dalla genealogia dell'individuo, ad esempio, e per linee generali, senza entrare nello specifico:

- "Tutto mi crolla addosso": patologia renale.
- "Sono furioso per l'ingiustizia subita": patologia delle vie biliari.
- "Mi hanno fatto una *porcata*": patologia al colon.
- "Ho perso il mio *spazio* e ho paura per questo": patologia dei bronchi.
- "Morirò di fame": patologia ai polmoni.
- "Non valgo nulla": patologia ossea.
- "Non devo muovermi o sarò ancora più in pericolo": patologia motoria.

Un elemento importante: il cervello non è in grado di distinguere tra reale e simbolico: un boccone da digerire (ingiustizia) per noi è realmente un boccone amaro da dover mandare giù: la proliferazione cellulare del punto (ad esempio l'esofago) in cui sentiamo il boccone risponde come se il boccone fisico e materiale ci fosse realmente. La proliferazione cellulare serve ad aumentare l'attività digestiva perché "sentiamo" il boccone amaro e indigesto.

Alcune patologie diffuse. Farò qui alcuni esempi del trauma che sottende l'attivazione biologica; si tratta di semplificazioni a titolo di esempio; alcuni organi hanno una composizione ibrida, quindi, in relazione alla parte dell'organo in questione, ci saranno conflitti diversi.

Cancro al seno sinistro (ghiandole del seno): è l'emozione detta del "conflitto del nido". Hamer definisce tale conflitto di protezione come "conflitto madre-figlio piccolo""(ancora sotto la tutela dei genitori) *reale o virtuale*; per esempio, succede qualcosa al figlio e la madre se ne attribuisce la colpa; o succede qualcosa al marito invalido (vissuto come figlio piccolo "virtuale") e la moglie se ne dà la colpa. *Senso biologico: produrre più latte per nutrire il figlio in pericolo.*

Cancro al seno destro (ghiandole del seno): conflitto madre-figlio grande; la madre soffre perché il figlio – o la figlia – si allontana fisicamente o emotivamente. Anche conflitto con il marito, con l'amante, con il padre. Un'adulta con un altro adulto.

Per i mancini i conflitti al seno sono invertiti.

Cancro dei bronchi: enorme conflitto di territorio indiretto, cioè quando la sfera personale o dello spazio vitale è insidiata da sensi di colpa, minacce, paure, ma anche da insicurezze irrisolte dell'infanzia o dell'adolescenza, riattivate da eventi. Per esempio: "mi togli l'aria", "lasciami respirare", "non ho più il mio spazio" e così via.

Bronchite: il territorio è stato invaso e messo sottosopra.

Cancro dei polmoni (alveoli polmonari): paura arcaica di morire, di non potere più respirare. Conflitti familiari ma anche di lavoro, dove l'individuo è stato lungamente e pesantemente oppresso e infine è accaduto un episodio che ha fatto traboccare il vaso.

Polmonite: paura di morire per uno spavento o forte preoccupazione per sé o per qualcun altro.

Cuore e coronarie: Hamer considera i disturbi ischemici del cuore come i tumori. Il conflitto riguarda la difesa e la conquista del territorio, per esempio sul lavoro (hanno invaso il mio spazio-territorio), ma anche nel campo degli affetti.

Cancro all'esofago: "non si è riusciti a mandar giù qualcosa"; personalità orgogliosa. Può essere la riattivazione di un precedente episodio accaduto nell'infanzia, di soffocamento per ingestione di un oggetto, o di asfissia o eventi transgenerazionali con questa colorazione.

Cancro dello stomaco: episodio molto indigesto, il "boccone" che rimane nello stomaco per problemi familiari o professionali. "L'essere stato licenziato in questo modo mi è rimasto sullo stomaco!" Le cellule dello stomaco iniziano a proliferare per digerire il boccone indigesto.

Cancro del pancreas: disputa e lotta per un boccone; per esempio conflitti di disputa (eredità) con una sfumatura di attacco all'integrità. "È un'offesa, un'indecenza". Personalità sensibili che soffrono per le ingiustizie subite.

Patologie dell'epidermide: conflitti da contatto: "Voglio essere in contatto, ma non posso".

Cancro delle ossa: enorme conflitto di autosvalutazione: "Non valgo niente". Senso biologico: lesionare l'osso percepito debole o non adatto alla funzione a cui è preposto (anche in chiave simbolica) che, in fase di risoluzione, si rinforzerà con un callo osseo e permetterà attività più performanti.

Patologie renali: episodio connesso a un liquido: latte nei poppanti, acqua, acidi, alcoolismo. La condizione di fondo è "tutto mi crolla addosso", legata al dover sopportare una personalità abusante sul lavoro o in famiglia.

Cancro alla prostata: enorme conflitto da sessualità impropria, relativo alla vita di coppia, a un partner che si comporta male.

Cancro ai testicoli/ovaie: enorme conflitto di perdita in seguito alla perdita reale o figurata di un figlio, una persona amata, anche di un animale, sovente accompagnato da senso di colpa.

Cancro al corpo dell'utero: enorme conflitto legato ad aborti temuti, subiti o provocati. In chiave transgeneaologica il cancro all'utero potrebbe essere generato dal senso di colpa di non essere state volute al momento della nascita. Il tumore rappresenterebbe se stesse allo stato fetale. Potrebbe esserci un aborto prima della nascita e sentire la paura di essere uccise. Per fedeltà familiare, si crea un cancro che è la nostra rappresentazione nell'utero.

Patologie della tiroide: conflitto: "bisogna fare in fretta", "non ce la faccio a star dietro agli avvenimenti".

Malattie infettive acute, come l'influenza: il virus dell'influenza (come tutti i virus) nella fase di riparazione aiuta a risolvere piccoli conflitti di territorio, prevenendo così il cancro ai bronchi.

Leucemia: è una fase di riparazione di profondi conflitti di autosvalutazione. Nei bambini che nascono con la leucemia, siamo in fase di riparazione conseguente a un conflitto di svalutazione che si è prodotto in fase intrauterina (es. cordone ombelicale intorno).

Morbo di Parkinson: il contenuto del conflitto è di motricità: "non poter fuggire o non poter andar via insieme" (gambe), "non poter respingere" o "non poter trattenere" (braccia), "non poter scansare" (dorso, spalle) o "non sapere cosa fare/che decisione prendere" (gambe).

Sclerosi a placche: conflitto simile al morbo di Parkinson. In chiave psicogenealogica è collegato a un conflitto di dipendenza da un genitore, che imprigiona la personalità individuale dentro un involucro isolante (una guaina psichica) impedendo il contatto diretto con l'ambiente circostante.

Sclerosi multipla: la persona ha subito, oltre al conflitto relativo alla motricità, anche un conflitto di paura/ansia.

Torcicollo: lieve conflitto di autosvalutazione intellettuale; voler girare la testa per guardare qualcuno, ma avere remore etiche: due ordini contraddittori al cervello.

Diabete mellito: conflitto doppio di paura-schifo e di opposizione-contrasto; conflitto del doversi difendere. Senso biologico: l'insulina si riduce e la quota di zuccheri ematici aumenta per offrire il surplus energetico in grado di aiutare l'individuo nell'azione di opposizione.

Morbo di Alzheimer: forte conflitto di separazione di tipo fisico o emozionale. La persona si sente abbandonata. Senso biologico: estraniarsi dalla solitudine, dimenticare i dispiaceri e le sofferenze.

RIEPILOGO DEL CAPITOLO 3:

- SEGRETO n. 1: le ragioni delle malattie stanno in un evento traumatico che ci prende in contropiede.

- SEGRETO n. 2: la malattia è la soluzione biologica perfetta della natura.

- SEGRETO n. 3: l'intensità del trauma e la colorazione delle emozioni determinano l'organo fisico corrispondente e la gravità della malattia.

- SEGRETO n. 4: la tipologia del disturbo (perdita di territorio, attacco, svalutazione, nido ecc.) è legata al "sentito" all'emozione viscerale, al momento del trauma e a eventi delle generazioni passate.

- SEGRETO n. 5: quando abbiamo i sintomi, siamo usciti dal conflitto e stiamo guarendo.

- SEGRETO n. 6: la malattia è relazionata ai traumi vissuti dalle generazioni passate (riattivazioni).

Capitolo 4:
Come liberarci con le Costellazioni familiari

Questo capitolo è un omaggio a un grande studioso: Bert Hellinger (1925- 2019), il padre delle Costellazioni familiari. Studioso di teologia e pedagogia era, come si definiva lui, "un filosofo".

Nella prima parte della sua vita fu missionario in Africa dove notò che le tribù africane mettevano in scena delle rappresentazioni e vide che succedeva qualcosa di magico, di non spiegabile.

Ora gli studi di fisica quantistica ne danno spiegazioni scientifiche, ma per lui era qualcosa che accadeva e che poteva utilizzare per mettere a posto le dinamiche familiari.

Tornato in Germania, mise in scena delle rappresentazioni di gruppo che iniziò a studiare e analizzare e che chiamò Costellazioni familiari. Le Costellazioni familiari sono rappresentazioni di gruppo che, avvalendosi di un *campo cosciente intelligente*, permettono di comprendere e sanare dinamiche familiari che, come abbiamo visto, sono la causa di tutti i malesseri e i disequilibri.

Come si svolgono?

Il consultante (protagonista della Costellazione) in un gruppo di almeno 8 persone, sottopone una questione facendo una domanda al campo cosciente, ad esempio; «Ho difficoltà nei rapporti di coppia»; «Non vado d'accordo con mio padre»; «Non riesco a fare la carriera che meriterei». Può essere necessaria qualche domanda da parte del conduttore per scoprire il nocciolo della questione.

Dopo di che, il conduttore (il regista, colui che conduce la Costellazione) chiede al protagonista di scegliere un rappresentante per ciascun familiare importante e un rappresentante per se stesso. Quindi il consultante assegna in maniera spontanea e istintiva a ogni rappresentante (senza parlare e senza dare spiegazioni) un posto nello spazio (un tappeto) e una direzione verso cui rivolgere lo sguardo. Quando tutti sono al loro posto, il consultante torna a sedersi.

Da quel momento, rimane in silenzio fino alla conclusione della rappresentazione, diventa un semplice spettatore che si limita a osservare ciò che il conduttore e i rappresentanti fanno e dicono. I dialoghi sono ridotti al minimo perché *ci si concentra sulle emozioni.*

Il conduttore invita i rappresentanti a fare il vuoto e a lasciare che il campo cosciente dia loro delle piccole indicazioni sensoriali. *I rappresentanti potrebbero anche non sapere che ruolo rivestono* e la Costellazione avrebbe lo stesso sviluppo.

Dopo un po', il conduttore chiede a ciascuno quale sensazione provi. Potrebbero sentire l'impulso di sdraiarsi, o fissare il pavimento, o sensazioni fisiche. A quel punto vengono alla luce le tensioni presenti nella famiglia. Potrebbero delinearsi, dalla posizione che assumeranno, delle alleanze (ad esempio madre e figlio da parte e padre di spalle) o la presenza-assenza di qualcuno.

Interagendo costantemente con i rappresentanti, il conduttore cerca soluzioni che riflettono *gli ordini* che Bert Hellinger ha evidenziato nel suo lavoro con le Costellazioni.

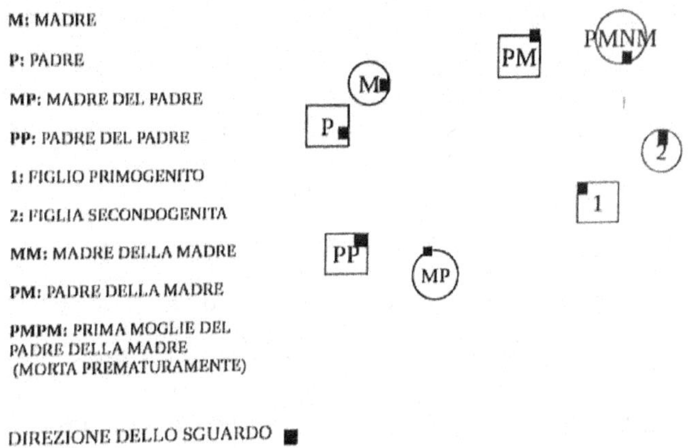

Spesso si rivelano utili, per rimettere ordine, frasi risolutive che il conduttore fa dire ai rappresentanti. Una Costellazione dura dai 20 ai 45 minuti. Lo scopo della rappresentazione non è di mettere in luce tutti i legami presenti all'interno di una famiglia, bensì solamente i coinvolgimenti più forti in cui il consultante è irretito (influenzato) e che ne limitano le energie.

Il campo cosciente va dritto all'origine della problematica esposta: ad esempio *un trauma dell'infanzia (il rappresentante del consultante potrebbe sentirsi bambino), l'identificazione con un escluso, la presenza di un aborto o di un bambino nato morto. In particolare sono importanti i legami con membri della famiglia morti prematuramente o esclusi (anche indietro nelle generazioni).*

Nella rappresentazione del sistema si scoprono i rapporti all'interno delle coppie, tra figli e tra genitori e figli. Spesso avviene che si crea una situazione ordinata in cui ognuno si sente a proprio agio e la rappresentazione giunge a una conclusione naturale. Alla fine il consultante accetta questa nuova immagine e può entrare nella rappresentazione al posto del proprio rappresentante.

Sabrina consiglia*: le Costellazioni sono semplici perché è sufficiente mettersi in contatto con le emozioni che emergono spontaneamente. Le prime esperienze sono le più intense perché si è più puri, più vuoti, veicoli perfetti. Lasciano uno stato di armonia e di pulizia interna. Mettendo in scena le Costellazioni, oltre a sanare le problematiche e a pulire l'albero, acquisirete un'abilità interessante: vi accorgerete se e quando le persone vi mentono e inizierete a "sentire" i loro pensieri.*

Torniamo ora al concetto di campo cosciente, l'elemento sicuramente più oscuro e interessante.

Il campo cosciente

I partecipanti a un seminario si accorgono subito che i "rappresentanti" sentono una "forza" che li muove o li guida durante la Costellazione. Questa "forza" si manifesta all'interno di quello che viene chiamato "campo cosciente".

A contatto con questa "energia", i rappresentanti riescono a sentire e a esprimere le stesse emozioni, a dire le stesse cose e nello stesso modo in cui le direbbero le persone che stanno rappresentando; persone delle quali non sanno nulla. Potrebbero essere persone vissute molte generazioni prima o persone che in quel momento si trovano in altri continenti.

Si è arrivati quindi a supporre che ogni persona porti con sé tutta l'informazione del proprio campo cosciente nel quale è costantemente immersa, connessa agli altri al di là dello spazio e del tempo, pur non vedendoli e non essendone consapevole.

Questo all'inizio può generare confusione e stupore, visto che ognuno di noi è abituato a pensare se stesso come un'entità separata dagli altri e dal contesto. Durante una rappresentazione, questa "forza" aiuta a sciogliere nodi, conflitti, vecchi rancori rimasti in sospeso nella famiglia di origine. *In sintesi ci mostra la realtà per quella che è veramente in quel preciso momento, fa emergere una verità nascosta, fa tornare a scorrere l'amore là dove era stato bloccato.*

Nelle Costellazioni ci imbattiamo nel fenomeno per cui i rappresentanti hanno accesso a conoscenze che in realtà dovrebbero essere disponibili solamente alle persone che essi rappresentano. I rappresentanti percepiscono le sensazioni, le emozioni e i rapporti fra le persone che stanno rappresentando.

I ruoli all'interno di una Costellazione hanno la loro energia, per cui chiunque si trova in quel ruolo e in quel posto reagisce in modo analogo. Per questo fenomeno, *che si verifica immancabilmente,* Albrecht Mahr ha coniato l'espressione «campo cosciente». È grazie a questo che i conflitti insiti nella famiglia vengono portati alla luce e che si trovano le soluzioni.

In una Costellazione di gruppo, nel giro di pochi minuti, perfetti estranei accedono a informazioni riservate esclusivamente alla famiglia del protagonista (consultante). In origine Bert Hellinger, a chi gli chiedeva quali forze fossero all'opera, rispondeva che si trattava di un «mistero». In seguito si trovò un'espressione che illustrasse questo mistero, «campo cosciente», finché si arrivò agli studi più approfonditi, tramite esperimenti scientifici, di Rupert Sheldrake.

Per i conduttori è importante sapere che questo «campo cosciente» si forma regolarmente, che possono contare sempre sulla sua comparsa. Occorrono una certa concentrazione e una calma interiore, *uno stato che spesso viene identificato con il termine di «raccoglimento».*

Di solito si lascia che sia il consultante a mettere in scena il nucleo familiare essenziale, i genitori e i figli. Successivamente, il conduttore può scegliere altri membri mancanti (*per esempio uno zio morto prematuramente, un bisnonno internato, una donna morta di parto, un fidanzato disperso, un bambino dato in adozione).*

Quando il conduttore sceglie un rappresentante, è sufficiente che gli assegni un posto e gli dica: «Tu sei il fratello della madre, morto prematuramente». Subito il rappresentante ha accesso ai sentimenti di questo membro della famiglia. Anche gli altri membri reagiscono immediatamente al nuovo arrivato.

La decisione di mettere in scena la Costellazione è sufficiente perché il campo cosciente si formi. Opera con delle direttive essenziali e semplici, quindi la percezione dei rappresentanti risulta chiara e visibile.

La cosa essenziale è che il campo opera anche in altre direzioni e in altri contesti, quelli più profondi, che sanano e guariscono. Vi chiederete se dalla Costellazione emerga la verità. Sì, emerge l'essenza dei sentimenti, le persone senza maschere.

I rappresentanti da una parte danno informazioni sul proprio stato interiore e sui rapporti che percepiscono nei confronti di altri membri della famiglia, dall'altra avvertono ripetutamente impulsi, per esempio quello di cambiare posto.

Possono emergere frasi su avvenimenti interni alla famiglia, ma nelle Costellazioni non possiamo scoprire con certezza i dettagli: il rappresentante può vivere l'emozione dell'abuso subito – o subito da un familiare indietro nelle generazioni – senza comprenderne i particolari. *L'emozione esce, il trauma si scioglie e il fantasma transgenerazionale smette di produrre gli effetti sabotanti.*

Una Costellazione ci mette a contatto con i livelli più profondi delle energie operanti in seno a una famiglia. I rappresentanti non «interpretano», *non sono attori* che ricoprono un ruolo prefissato, ma sono guidati dalle energie del campo, che li pervadono e producono reazioni che, talvolta, sono del tutto inaspettate e che a loro risultano addirittura incomprensibili.

Tuttavia il rappresentante vive le azioni come il ruolo di una persona estranea che egli assume per il tempo limitato della rappresentazione. Lo sente come «ruolo» perché con una parte della propria percezione rimane ancora legato a sé; rimane cosciente e può uscire in qualsiasi momento dal ruolo senza ripercussioni.

Una Costellazione non ha un arco temporale determinato. Le sensazioni che si provano in un dato posto non hanno niente a che fare con il momento preciso della Costellazione *e sono invece legate a un'immagine interiore di fondo.* Può accadere che il rappresentante del consultante assuma atteggiamenti infantili: significa che l'origine del problema sottoposto sta nell'infanzia.

L'elemento straordinario delle Costellazioni familiari è che il campo non è limitato alle rappresentazioni familiari, ma possono essere rappresentate aziende, soci, singoli dipendenti oppure addirittura interi reparti, e le percezioni dei rappresentanti coincidono con le situazioni degli interessati, della società. È possibile mettere in scena anche concetti astratti, come la patria e la morte, l'azienda, il denaro e addirittura oggetti. I rispettivi rappresentanti provano sempre sensazioni chiare, talora forti.

Il conduttore

Nelle Costellazioni familiari il conduttore assume un ruolo attivo e essenziale, ma è dai rappresentanti che provengono gli impulsi che vanno in direzione di una soluzione. Ciò che dall'esterno appare semplice, richiede grande energia da parte del conduttore. Le cose non si svolgono secondo i propri desideri e le idee personali.

A volte per molto tempo non avviene nulla, o molto poco, e poi ecco capitare qualcosa di inaspettato. Secondo la mia esperienza di conduttrice, di volta in volta si valuta cosa è più adatto in base agli sviluppi. *L'essenziale per un conduttore è stare nel momento presente.*

L'apprendimento di un metodo come quello delle Costellazioni familiari, il continuo esercitarsi e approfondire, altro non sono che una raccolta di esperienze. Man mano che si acquisisce esperienza, il lavoro si fa sempre più efficace. Si tratta di un equilibrio delicato tra acquisire e metabolizzare esperienze e rimanere vuoti e puri nel momento presente.

Il conduttore non ha obiettivi, per esempio non ha l'obiettivo di guarire. La guarigione è un dono, soprattutto se si parla dei grandi destini, della vita e della morte o di forti irretimenti e sensi di colpa, non si può programmare nulla. È anche possibile che, procedendo secondo un dato schema, non si raggiunga l'obiettivo. Dove si arriva alla guarigione e al successo, sono all'opera energie a cui dobbiamo inchinarci, che vanno al di là dell'individuo.

Lo stesso vale per la comprensione: quando arriva è un dono. Il conduttore che si tira indietro con umiltà ha maggiori possibilità di arrivare alla comprensione, all'essenza della questione.

Il coraggio è il presupposto fondamentale perché è normale che affiorino timori e è liberatorio concederci insicurezze. Se il conduttore sa rispettare le proprie paure, queste fanno un passo indietro. Il conduttore ha bisogno di raccoglimento interiore per il proprio lavoro: si tratta di ascoltarsi, vedere i rappresentanti, stare nel presente con umiltà.

Ci sono Costellazioni criptate che non sono completamente comprensibili, ma che operano nel profondo, e altre chiare in cui le soluzioni emergono in pochi minuti.

Una consultante mi chiede aiuto per un problema a un piede che le dà problemi a camminare dopo un'operazione di rimozione di una ciste. La domanda della consultante è chiara: «Come risolvere il problema al piede?». Metto in scena una Costellazione e, dopo il raccoglimento, chiedo a tutti di fare il vuoto. Chiedo alla consultante di scegliere una persona per i suoi piedi e una per lei e di posizionare i due rappresentanti nello spazio.

Il rappresentante dei piedi si distende a terra, supino, la rappresentante della consultante gli si distende sopra: stanno uno sopra l'altro, con la testa a contatto. Passano alcuni secondi e il rappresentante dei piedi dice che quella non è la posizione giusta e chiede di cambiarla: si sdraia a pancia in su, ma con le braccia tese e le mani a contatto con il terreno, quindi con la schiena e la zona lombare staccati da terra. Il rappresentante della consultante si distende come prima sopra di lui, testa contro testa. Il rappresentante della consultante dice di stare bene, anche i piedi ora stanno bene. L'immagine è chiara: servono dei plantari.

Sebbene avessi scelto un rappresentante per la consultante e uno per i suoi piedi, i rappresentanti corretti sarebbero stati i piedi e la soluzione al problema. Il campo mi ha aiutato e corretto. La soluzione è emersa spontaneamente in pochi minuti.

Altre Costellazioni, invece, possono apparire difficoltose e inconcludenti. *D. mi ha contattato per aiutare suo fratello che aveva problemi di alcoolismo. L'uso dall'età di 15 anni di alcoolici aveva lesionato parte del cervello, compromettendo la memoria, e era quindi impossibilitato a lavorare.*

Il rappresentante del fratello fino alla fine aveva uno sguardo vitreo, assente, anche con l'entrata di vari membri della sua famiglia. Interruppi umilmente la Costellazione con il cuore pieno di amore e di rispetto per quell'uomo che per amore aveva preso su di sé le emozioni di un escluso della sua famiglia. Dopo un mese, D. mi telefona: il fratello ha smesso di bere e vive in una struttura assistenziale, è sereno.

Altre Costellazioni rimangono aperte e l'armonia non torna. In questo caso l'importante è che siano emerse incomprensioni, silenzi; *svelare le dinamiche è una potente fonte di guarigione e di sollievo.* È bene lasciar essere, affidarsi al campo cosciente, all'energia universale che continua ad agire e permettere *senza attese immediate, perché la Costellazione si muova nel tempo.*

Hellinger sosteneva che a volte, quando il conduttore "fallisce", si mette in moto qualcosa di particolare, di efficace. Anche dalla mia esperienza personale ho visto che una Costellazione non è mai un fallimento; anche se non apparente (i rappresentanti non si armonizzano o rimangono nella loro posizione iniziale di sfida o di chiusura), qualcosa si muove sempre. Serve aspettare con fiducia, con umiltà e con il cuore libero.

Sarebbe efficace che il consultante lasciasse *andare l'obiettivo*.

Le frasi risolutive formulate da Hellinger sono state scoperte proprio perché, durante la rappresentazione, danno forza, distendono le tensioni e alleviano i dolori, riarmonizzando il tutto.

Sabrina consiglia*: le Costellazioni di gruppo o individuali sono esperienze intense e indimenticabili. Se vi troverete a rappresentare "l'amore", scoprirete cose profonde. Se rappresenterete "la malattia" (non vi ammalerete), vi accorgerete di quanto la malattia ami il malato a cui desidera soltanto insegnare qualcosa.*

Le Costellazioni individuali con oggetti simbolici
Si possono svolgere le Costellazioni con incontri individuali in cui si applicano gli stessi concetti delle rappresentazioni di gruppo. *Il lavoro individuale è un'opportunità importante* di confrontarsi con le dinamiche familiari e sanarle. Il lavoro individuale è un'elaborazione di concetti rilevati emersi dall'esame dell'albero.

Le Costellazioni si svolgono con l'impiego di figure o simboli. Il modello più semplice è quello in cui si dispongono su una superficie piana figure o oggetti simbolici che rappresentano i vari familiari. Si tratta di una forma di Costellazione che offre una panoramica sulle dinamiche familiari e permette di avervi accesso. Permette di fare il bilancio della situazione e di studiare i rapporti tramite modifiche spaziali degli oggetti simbolici.

Facciamo un esempio. Il conduttore chiede al consultante: «Come rappresenteresti la tua famiglia di origine? Prendi un pupazzetto per ognuno e posizionalo... Che sentimenti provi? Come ti senti se metto il padre qui, accanto alla madre?». E qui il conduttore fa il tentativo di spostare la figura relativa in quel posto o altri tentativi di armonizzare il tutto. Questo sistema permette al conduttore di capire le dinamiche sottostanti e di sanarle con facilità.

Si può utilizzare il metodo anche con i bambini, che possono sentirsi più disinvolti e prendere il lavoro con le Costellazioni come un gioco. L'effetto è spesso altrettanto profondo e stupefacente, come nelle Costellazioni con le persone. *L'identificazione con le figure avviene con grande rapidità.*

Il conduttore può sempre identificarsi con una figura e interrogare il consultante al riguardo. È possibile suggerire alcune frasi e poi osservarne l'effetto direttamente sul consultante: «Immagina che tuo/a padre/madre (o anche membri della famiglia indietro nelle generazioni) ti dica: «Questo è il mio destino e lo porto io». Come ti sentiresti?».

Anche con gli oggetti simbolici, per la presenza del campo cosciente è possibile sanare l'albero con *l'elaborazione* del segreto e del fantasma transgenerazionale.

Dopo aver spiegato cosa sono e come si svolgono, dedicherò i prossimi paragrafi a illustrare le ragioni per cui ci ammaliamo, ci sabotiamo o falliamo nei nostri obiettivi, e i principi che portano a riequilibrare le dinamiche familiari. Ricordo che tali meccanismi operano inconsciamente e che solo un esame dell'albero e una Costellazione familiare possono svelare.

In questa sede non esaminerò nel dettaglio tutti gli ordini dell'amore, ma darò qualche informazione sul potente processo sanatorio delle Costellazioni. Vi darò qualche indicazione su cui riflettere per iniziare a sanare il vostro albero e migliorare la vostra vita.

Gli ordini dell'amore

Bert Hellinger, nel suo grande lavoro, si è dedicato alla ricerca delle regole che governano i sistemi familiari, le ha trovate e le ha chiamate "ordini dell'amore". L'amore agisce in base questi ordini *ma, se non sono rispettati, è un "amore cieco", malato e distruttivo.* Lo scopo delle Costellazione familiari è rimettere a posto gli "ordini dell'amore" passando dall'amore cieco all'amore sano che dà energia armonia e salute.

Le Costellazioni servono ad accogliere le persone (gli esclusi) nel sistema senza pregiudizi o aspettative. Iniziamo con l'elemento cardine: gli esclusi.

Gli esclusi e l'irretimento

Gli esclusi sono coloro che in una famiglia sono stati lasciati indietro, messi in ombra, svalutati o denigrati. Quando parliamo di famiglia, intendiamo una visione più ampia, comprendiamo anche insegnati, educatori, tate, fidanzati precedenti. Quindi gli esclusi sono coloro che sono stati dimenticati; morti precoci, aborti, bambini morti, neonati dati in adozione, internati, handicappati messi in istituto, diseredati, emigrati, in sostanza coloro che, per la teoria sistemica, sono stati, per evitare la sofferenza, dimenticati o allontanati.

Gli esclusi possono essere coloro del cui "sacrificio" noi abbiamo beneficiato anche solo per la possibilità di nascere. Anche il precedente fidanzato morto della madre o la promessa sposa del padre possono influenzare un discendente; una Costellazione mette in evidenza dinamiche sottili.

Il sistema ha un equilibrio, come nel "libro dei crediti e dei debiti", chi è venuto prima ha la precedenza e, se non viene onorato perché dimenticato o denigrato, *per una questione di giustizia* ci sarà qualcuno che ne proverà le emozioni o che dovrà pagare. Il principio sanatorio delle Costellazioni è quello di rimettere in scena gli esclusi, onorarli, ringraziarli e dare loro un posto nel sistema famiglia con umiltà e amore.

È la fedeltà agli esclusi che ci fa ammalare con la dinamica inconscia del "Ti seguo"; "Muoio io al posto tuo". Ciò dà una spiegazione alle morti premature dei bambini, alle pulsioni di morte (incidenti, fallimenti, dipendenze, malattie, comportamenti distruttivi). Se si esclude qualcuno o non si elabora un lutto, ci sarà un discendente che lo seguirà nel destino di vita per fedeltà. Tale influenza si chiama "irretimento".

Uno zio omosessuale messo in un ospedale psichiatrico può riemergere in un discendente che si autoescluderà o si saboterà in modo più o meno drammatico. Un figlio difficile, ribelle, in realtà segue inconsciamente un escluso con un malessere profondo, una pulsione di morte o solo con un atteggiamento ribelle.

Le donne morte di parto comportano sui discendenti squilibri profondi. *Durante un seminario di formazione ho interpretato la nonna di un consultante morta a seguito di complicanze del parto. In seguito il nonno si era risposato e i figli della defunta erano stati allevati dalla nuova moglie, che chiamavamo mamma. Il consultante sapeva dell'esistenza della prima moglie del nonno, ma non ne conosceva il nome.*

Prima di mettere in scena la Costellazione, quando il consultante esponeva l'albero, sentivo che la chiave era in quella donna dimenticata. Al momento della scelta dei rappresentanti, sono stata scelta per quel ruolo e, quando a seguito della Costellazione ho espresso il mio dolore, e gli altri membri della famiglia mi hanno visto e onorato, mi sono finalmente sentita riconosciuta.

Un mese dopo, incontrando il consultante, gli chiesi se ora conosceva il nome della nonna. Ottenuto il nome, "Marcella", il leggero disagio che avevo provato nel ricordarmi l'evento finalmente era scomparso. Il disturbo del consultante scomparve.

La gerarchia

Abbiamo parlato, nei capitoli precedenti, della genitorializzazione, cioè del trasformare i figli nei propri genitori. Una delle operazioni più importanti delle Costellazioni è rimettere a posto le gerarchie facendo dire, durante le rappresentazioni, delle frasi sanatorie: «Io sono il padre tu sei il figlio»; «Io sono grande e tu sei piccolo», «Io do e tu prendi».

Ciò avviene anche quando c'è un irretimento, cioè quando qualcuno prende le emozioni di altri; anche in questo caso non si rispetta la gerarchia, chi viene dopo non deve prendersi i carichi di chi è venuto prima.

Nel caso di irretimento di un avo, le frasi possono essere: «Caro fratello del nonno morto in un manicomio, ora sei anche tu parte della famiglia»; «Lascio a te con rispetto e amore il tuo destino perché io sono solo tuo nipote, io sono quello piccolo e tu sei quello grande»; «Lasciami vivere e, per cortesia, guardami con benevolenza se mi realizzo»; «Ti onoro e ti rispetto e mi inchino a te e al tuo destino».

Sabrina consiglia: per iniziare a scoprire se nella vostra famiglia ci sono irretimenti, chiedetevi qual era la vostra fiaba preferita quando eravate piccoli o che lo è ancora oggi. La psicoterapia attribuisce tutto agli eventi biografici dell'infanzia, ma ci sono esperienze che non possono essere attribuite a un bambino.

Anche leggende, opere teatrali, romanzi. Una consultante aveva un fratello del padre che si chiamava Otello. Tale nome era stato proposto dalla sorellina. Come è possibile che una bambina possa farsi prendere da una storia in cui un uomo geloso uccide la moglie? C'è una memoria transgenerazionale che influenza tale scelta. Quindi ricordate quali sono gli argomenti che più vi coinvolgevano da bambini.

Non si perdona, si accetta!

Bert Hellinger sostiene che è necessario reintegrare gli esclusi, ma anche coloro che hanno fatto errori gravi. Accettare l'accaduto: tradimenti, reati, violenze, abusi sono fonte di evoluzione per tutto il sistema famiglia. *Reintegrare il colpevole con amore e accettazione*: anche colui che ha commesso abusi sessuali deve, salvo rare eccezioni, essere reintegrato nel sistema con una Costellazione di gruppo o individuale.

Umiliare, colpevolizzare eccessivamente un abusatore, che naturalmente il sistema giudiziario deve perseguire, nelle Costellazioni deve essere reintegrato nel sistema, nell'accettazione di un evento terribile, ma comunque ormai accaduto e accolto come fonte di evoluzione. Il conduttore deve stare dalla parte degli esclusi, con amore, umiltà e rispetto. *Si parla di accettazione, non di perdono, il perdono eleva i discendenti a un ruolo (di superiorità) e danneggia la gerarchia.*

Non è facile uscire da un irretimento. Se durante la fase iniziale di una Costellazione, quando si sottopone la questione da risolvere, il consultante dichiara la propria malattia («Ho il cancro») e sorride o ha un'espressione fanciullesca, c'è una fedeltà inconscia, un irretimento.

I genitori e i figli

Le violazioni della gerarchia ledono il rapporto tra genitori e figli. Spesso tale rapporto è inconsciamente, e quindi non visibilmente, scompensato. La Costellazione può rivelare lo scompenso: si vede se il figlio è escluso dal rapporto con i genitori, se segue qualcuno morto (un aborto, un membro escluso nelle generazioni passate) o se prende il posto di uno dei genitori nel seguire un morto o un escluso.

Le regole fondamentali sono:
I genitori danno e i figli prendono.
I figli devono onorare i genitori, principalmente per il dono della vita.

Durante una Costellazione, un profondo inchino ai genitori, soprattutto se i figli si sentono a loro superiori, per cultura o per posizione sociale, guarisce: «*Cari genitori, vi onoro. Talvolta ho avuto giudizi e biasimo nei vostri confronti, mi spiace, non sapevo»*.

Il facilitatore mette a posto le gerarchie e ridà il giusto posto ai membri. L'ordine porta maggiore serenità ed equilibrio. *L'ultima immagine, quella dell'ordine che si forma con il gruppo o che il conduttore imposta con gli oggetti simbolici, agisce nel profondo.* Non si deve agire subito, bisogna aspettare finché l'immagine interiore generi *una forza,* quando sarà il momento si svolgerà tutto in modo semplice, naturale e veloce.

La comprensione non è ancora l'esecuzione. Se qualcuno agisce subito dopo la Costellazione, può sentire l'azione come uno sforzo. Dopo la Costellazione bisogna solo rimanere con l'immagine. Ciò è particolarmente importante quando si tratta di prendere delle decisioni sui rapporti sentimentali; separarsi o tentare una riconciliazione.

La coppia

In relazione ai rapporti di coppia, i partner precedenti devono essere onorati, i coniugi morti, ma anche le precedenti relazioni non sfociate in un matrimonio o in una convivenza. I consultanti che superati i 35/40 anni hanno difficoltà a instaurare un rapporto stabile possono trovare la soluzione in una rappresentazione in cui vengono messi in scena i precedenti partner. Qualcuno può essere stato liquidato troppo velocemente, o qualcosa rimasto aperto. *In noi rimangono inconsci sensi di colpa che sabotano nuove relazioni.*

In caso di separazione, non si deve chiedere ai figli da chi vogliono andare. Altrimenti i figli vengono messi nella posizione di dover decidere di favore di uno dei genitori e contro l'altro. I genitori discutono e comunicano la decisione e i figli saranno intimamente liberi e contenti di non dover decidere tra uno dei due genitori: i figli devono andare da quel genitore che rispetta maggiormente l'altro partner.

Se abbiamo un rapporto conflittuale con il partner, ciò potrebbe derivare da "sentimenti acquisiti". Cioè qualcuno, indietro nelle generazioni, che ha subito delle ingiustizie e i cui sentimenti non espressi in passato sfociano in rancori, rabbia e desideri di vendetta eccessivi e immotivati sui discendenti per i membri del sesso opposto.

Se c'è un aborto, volontario o spontaneo, una coppia deve fare i conti con un dolore che forse non si è manifestato sul piano cosciente, ma che opera a livello profondo. *È importante mettere in scena gli aborti anche quando ci sono altri figli. L'ordine di gerarchia esatto deve essere tenuto presente dai genitori che devono anche elaborare il lutto per evitare che ci siano figli di sostituzione.* L'accettazione del dolore permette la crescita e l'evoluzione, così come la colpa personale riconosciuta è sorgente di forza.

Le malattie

Il sistema famiglia è una comunità di persone unite dal destino. Quando mettete a posto una dinamica, una gerarchia, un irretimento, state dando energia a tutto il sistema famiglia, quindi si potrebbe verificare che, "spontaneamente", un membro della famiglia guarisca o esca da un comportamento sabotante.

Dietro alle malattie, agli incidenti gravi, ai suicidi, alle dipendenze e alle pulsioni di morte c'è la *dinamica inconscia di "volere"* aiutare qualcuno, soffrendo ed espiando al suo posto, o di "volere" morire per potere incontrare di nuovo la persona morta. Quindi, dietro al tossicodipendente, all'handicappato, c'è l'amore di chi è legato profondamente a qualcun altro della famiglia e si è fatto carico di un peso. Quindi, prendendolo su di sé, ha liberato gli altri. Sulle malattie le Costellazioni ci aiutano e ci fanno vedere legami familiari insani che ci fanno ammalare.

Come potete notare, gli studi dei vari maestri che ho citato in questi capitoli si integrano e si confermano dandoci strumenti per uscire dai disturbi, dalle emozioni sabotanti e dai problemi professionali, economici e di business in generale.

Le Costellazioni familiari per il business

Negli ultimi anni, le Costellazioni familiari stanno guadagnando terreno e reputazione all'interno di aziende ed enti che riescono, con questo strumento, a evidenziare prospettive innovative sulle dinamiche economiche in atto. Sono un efficace e veloce strumento diagnostico che permette di comprendere le relazioni tra imprenditori e familiari, tra soci, tra colleghi, il rapporto tra denaro investito e coloro che lo impiegano, il difficile patto tra dare e ricevere che caratterizza le nostre imprese.

Aiutano a comprendere le dinamiche di successione generazionale, del personale interno, a risolvere in maniera efficace conflitti interni, a disegnare opportunità diverse sul mercato, tra concorrenti, e a integrare realtà differenti in ambito di fusioni. Spesso si distingue tra la sfera della famiglia, della realizzazione personale dalla sfera lavorativa e professionale, ma tutte seguono le stesse leggi del successo e dell'insuccesso, dell'armonia, della felicità, della disarmonia e del fallimento.

Le leggi del successo sono le leggi dell'amore, che è a servizio della nostra vita e di quella di molte altre persone. Hellinger chiama queste leggi "ordini del successo". Qualunque situazione o evento della vita o relazione interpersonale in cui abbiamo contravvenuto e infranto consapevolmente o inconsapevolmente queste leggi, si ripercuote sui successi che riportiamo nel lavoro e nella professione.

Tali infrazioni annullano i successi o li ostacolano fin dall'inizio. Se insuccesso e fallimento incombono sulla vita professionale, una Costellazione porta alla luce ciò che è rimasto irrisolto nella famiglia o nelle relazioni e come la circostanza si ripercuota sul successo e sull'insuccesso. Ristabilito l'ordine nella vita familiare e privata, si potrà portare ordine anche nella sfera professionale.

I cambiamenti aziendali

In periodi di crisi le imprese devono effettuare uno spostamento di rotta, un adeguamento che può essere lo strumento per salvarsi. Come si fa uno spostamento radicale? Attraverso una nuova intenzione creativa e il coraggio di seguirla, anche se bisogna vincere resistenze sia interne sia esterne. Per molte aziende, cambiare efficacemente significa domandarsi a chi porta realmente vantaggio l'impresa e i suoi servizi.

I servizi, i prodotti vanno incontro a una necessità? Alleviamo un bisogno? L'impresa è a beneficio di molti? Che ruolo svolgono il denaro e il profitto? Sono al servizio della vita e restano presso coloro che hanno contribuito a crearli? Dove diamo e da dove prendiamo? È su queste riflessioni che si prepara il terreno per godere di un successo duraturo.

Gli errori

Se abbiamo commesso un errore, per esempio abbiamo trattato ingiustamente qualcuno o abbiamo tratto ingiusto vantaggio a scapito di qualcun altro, potremmo sentirci esposti a forze che decidono della sopravvivenza della nostra attività.

È bene mettere a posto queste questioni abbandonando la paura e accogliendo gli errori commessi da noi, dai nostri soci o dai nostri familiari (anche indietro nelle generazioni) per ritrovare quel sentimento di solidarietà e di giustizia.

Il punto d'incontro

L'incontro tra due parti, che siano una coppia, o due soci alla pari, è bene che avvenga a metà strada: nessun raggiro, nessuno prevarica l'altro. Nel caso di un'azienda fondata da moglie e marito, entrambi devono riconoscere da subito il loro ruolo con pari diritti. Se il marito subentra nell'azienda fondata dalla moglie, o che ha ereditato, gli affari cominceranno ad andare male. Deve tenersene alla larga, non offrendo neanche consigli. Se invece la moglie entra nell'impresa del marito, questa non corre nessun rischio di fallimento.

Come i partner lasciano le loro famiglie d'origine (con le loro leggi e lealtà) e si incontrano a metà strada, rispettando se stessi e i reciproci compiti e mettendosi al servizio del loro scopo (i figli), così nel caso dell'impresa e dei suoi dipendenti il sistema funziona se entrambi si mettono al servizio dei clienti.

Direzione da una parte e dipendenti dall'altra, si devono assumere la propria dose di responsabilità condividendo entrambi guadagni e rischi. Se l'impresa attraversa un periodo di crisi, è bene che entrambe le parti si accollino le perdite. Ciò vale soprattutto per le piccole imprese, in cui il successo è dato dalla solidarietà di tutti.

Coscienza e pregiudizi

La coscienza e i suoi pregiudizi sono i responsabili del successo e del fallimento delle imprese. Troppo spesso non vi prestiamo attenzione. Piuttosto andiamo alla ricerca di cause esterne e, così facendo, cadiamo sempre più in balia della coscienza.

Quindi chiediamoci quali sono le nostre convinzioni (dettami, pregiudizi) tramandatici nell'infanzia, dai nostri familiari, sul denaro, sul profitto, sul lavoro. Inoltre analizziamo cosa c'è rimasto sulla coscienza; un bambino dato via, un bambino abortito, una separazione fatta con leggerezza, un'eredità rubata ecc. Inoltre, come ci influenzano i precetti religiosi sulla povertà degli illuminati o la povertà dei santi? Come possiamo superare questi pregiudizi?

La ricchezza è più della semplice proprietà di qualcuno; è una ricchezza che si pone a servizio. Fate un lavoro che vi piace, verificate che il vostro lavoro vi piaccia ancora e solo allora potrete ambire ad avere successo, o maggior profitto, o una promozione, se lavorate come dipendenti.

Emerge con le Costellazioni che ogni impresa ha un'anima e si comporta, volente o nolente, come una persona. Cosa succede, nella vita professionale, quando qualcuno vuole seguire un altro (ad esempio un genitore o un familiare morto) con la dinamica del "Vado via io al posto tuo"? Falliscono. Fare chiarezza su queste dinamiche permette di scioglierle e avviarsi a una vita relazionale e professionale sana e prospera.

La gratitudine e il raccoglimento

La gratitudine è un elemento di sostanziale importanza per il raggiungimento del successo. *Chi sa essere grato di un successo, ma anche di un insuccesso, dimostra amore per la vita e verrà ricompensato.*

L'imprenditore di successo, ma anche il venditore di successo, sa essere grato anche dei contratti che non vanno a buon fine. Il commesso di successo sa essere grato anche quando un cliente se ne va senza comprare.

Le perdite

Il successo può essere accompagnato da qualche perdita, a volte grave. Da queste perdite il successo attinge una forza particolare, ancora più grande. Le perdite accendono un nuovo fuoco.

La professione e il lavoro

Esercitare una professione significa seguire una chiamata e porsi al servizio di qualcuno o di qualcosa. Una professione si può scegliere, e quindi ci si sente chiamati a svolgerla, oppure è la professione a chiamarci. Ogni professione presume una vocazione, spesso per il semplice fatto di possedere un particolare talento per un certo lavoro.

Solo se ubbidiamo a questa chiamata avremo successo. Solo facendo il nostro lavoro e facendolo con dedizione sentiamo che la nostra vita è piena e perfetta, ricordiamoci che il successo *ha il volto di nostra madre:* chi sa andare incontro alla propria madre con amore e riconoscenza, avanza verso il successo nell'impresa e nella vita professionale. Al contrario, se nostra madre è costretta ad arretrare e allontanarsi da noi, con lei si allontana anche il successo.

Il lavoro ci nobilita se seguiamo la nostra vocazione e ci mettiamo al servizio degli altri con amore. Il nostro lavoro è il coronamento dell'amore.

Il successo è la conseguenza di un lavoro che porta beneficio a molti. Perciò verrà apprezzato e accolto con piacere. Solo se professione e lavoro saranno a servizio di molti risponderanno ai requisiti degli "ordini del successo". Il successo comincia dentro di noi, nel nostro spirito, con un approccio sereno e fiducioso.

I licenziamenti
Quando alcuni dipendenti vengono licenziati, gli altri cominciano a lavorare meno. L'idea che si possa guadagnare dai licenziamenti va messa in discussione o va esaminata con calma. Quando

l'imprenditore sinceramente dice: «Sono qui per voi. Desidero che l'azienda vi garantisca il sostentamento, per questo ho bisogno della vostra collaborazione» ottiene subito l'appoggio di tutti.

Il denaro

Ogni consulenza sul successo o sull'insuccesso nell'impresa si incentra sull'origine del denaro che ha permesso di fondare l'azienda.

È denaro guadagnato con il lavoro? È frutto di un'eredità? È l'insieme degli investimenti dei soci? Proviene dai crediti accesi presso una banca o dai contributi degli azionisti? È stato acquisito illegalmente, per esempio in seguito a frode o estorsione? O ci è semplicemente piovuto addosso e non abbiamo dovuto fare altro che approfittare dell'occasione? Questo guadagno ha significato per altri una perdita? E cosa ne è stato di loro?

Questa lista di domande indica che siamo di fronte a una questione fondamentale se vogliamo essere d'aiuto a un'impresa. *Il denaro ha una dimensione spirituale. Reagisce come se avesse un'anima e un'acuta sensibilità per ciò che è giusto e ingiusto.*

Il denaro vuole restare con chi l'ha guadagnato in maniera onesta. Vuole tornare da chi l'ha ottenuto lavorando rettamente o da chi l'ha ricevuto in eredità da altri a condizione di amministrarlo e moltiplicarlo al servizio della vita. Il denaro che altri hanno guadagnato per noi non ci abbandonerà se li ricompenseremo in modo adeguato, ma soprattutto il denaro desidera essere speso e poter circolare al servizio della vita, poiché appartiene alla vita. *Il denaro gioisce nell'essere speso e ci tornerà indietro proporzionalmente più cospicuo.*

A volte alcune aziende fanno errori che costano un patrimonio, di fronte ai quali un osservatore esterno può solo scuotere la testa senza comprenderne la ragione. Per avere successo è importante assegnare al denaro il posto che gli spetta.

Durante una Costellazione, per esempio, possiamo capire subito se il denaro vuole restare o andarsene. La domanda che dobbiamo porci è: in una tale situazione, come possiamo riportare il denaro nella nostra azienda? Cosa dobbiamo rimettere in ordine, cosa dobbiamo fare perché desideri tornare e restare con noi?

Il denaro evita di andare sprecato. Non vuole essere sprecato e perso, come accade per esempio a un giocatore d'azzardo. Qual è il conto aperto di un giocatore che il denaro perso mira a saldare? Alcuni tirano un sospiro di sollievo quando perdono il denaro che possiedono. Lo stesso vale per le aziende che si giocano il successo con scelte imprudenti. Nel loro caso, la consulenza economica e finanziaria si fa consulenza per la vita, è un aiuto a sopravvivere.

L'eredità

Il principio dell'eredità è di metterla al servizio del bene. La via più impegnativa è quella di accettare l'eredità per farla crescere e sviluppare con uno scopo e un'intenzione buoni, o prendere il compito di usarla per mettere ordine in qualcosa a cui va posto rimedio. La usiamo e al contempo vi rinunciamo, in entrambi i casi al servizio dell'amore.

Chi aspetta un'eredità e fa progetti in proposito, non fa altro che attendere la morte di chi ha fatto testamento. Se aspetta l'eredità dei genitori, cosa possono pensare i genitori da lui? Quale benedizione è insita in questa eredità? È un'eredità che ha ancora un valore?

Se un'eredità non viene presa con gratitudine, con rispetto, sarà simile al denaro guadagnato senza prestazione, ci sfuggirà di mano. Non si prende un'eredità traendo vantaggio da una disgrazia. Può avere effetti deleteri. Qualche volta la fedeltà richiede che si prenda un'azienda dei genitori; se si rifiuta, le attività che si sceglieranno non avranno successo, dipende dalle circostanze, vanno verificate in Costellazione.

Un'impresa non appartiene al proprietario e neppure ai figli, ma a coloro ai quali offre un servizio. È per questo che un'impresa va lasciata in eredità a colui che più di tutti è pronto a mettersi al servizio della collettività. *Se una persona riceve un'eredità e ne fa uso al servizio della vita, sarà un'eredità preziosa.*

La madre del successo

Chi non ha preso abbastanza da sua madre chiederà all'azienda, lo farà prima di dare e chiederà di più di quanto dovrebbe in base alle competenze acquisite. Chi dice mentalmente alla propria madre: "Mi devi qualcosa", senza fare niente in prima persona, a livello professionale si comporta nello stesso modo nei confronti del datore di lavoro.

Quando un imprenditore cerca un collaboratore, deve farsi le seguenti domande: Che rapporto ha il candidato con sua madre? La rispetta? Prende quello che lei gli dona? È pronto a fare qualcosa per sua madre?

Il suo comportamento nei confronti della madre rispecchia quello che avrà verso l'azienda.

Ancora sul business

Sull'argomento business, verificate in particolare i familiari, ma anche i collaboratori che hanno fatto un torto, per esempio a causa di un'eredità. Quindi ponete attenzione a tutti coloro che hanno fatto posto ad altri, quelli che hanno subito una perdita o uno svantaggio da cui qualcuno nel sistema aziendale ha tratto giovamento.

Se state facendo business con un'eredità proveniente da un'errata distribuzione tra maschi e femmine, tra primogenito e figli cadetti, fate attenzione perché il business potrebbe avere problemi. È possibile che scopriate un'ingiustizia e il vostro business sia comunque florido. Quell'apparente ingiustizia era la compensazione di un'ingiustizia precedente. Comunque assicuratevi che i discendenti penalizzati abbiano sempre di che vivere.

Potrebbe essere un membro esterno alla famiglia, un partner in affari il cui il nonno o il bisnonno ha sottratto una somma di denaro, o una proprietà, o non ha pagato i debiti. Potreste non essere a conoscenza di questi eventi, ma in Costellazione emergerebbe.

Se un'eredità è arrivata da qualcuno che è stato diseredato o che è morto giovane, bisogna onorarlo. Occupatevi dei discendenti, aiutate una cugina a studiare, fatevi carico delle spese mediche di un discendente, fate giustizia!

Se sono ormai venuti tutti a mancare, fate una donazione a un'associazione che si occupa di aiutare persone vittime delle stesse dinamiche per cui il familiare è venuto a mancare precocemente (vittime della strade, associazioni benefiche, fondazioni di ricerca medica); inoltre, onoratelo riconoscendo il vantaggio che avete avuto e inchinatevi a lui e al suo destino.

RIEPILOGO DEL CAPITOLO 4:

Costellazioni familiari

- SEGRETO n. 1: Bert Hellinger scopre regole, che chiama "ordini dell'amore", per l'armonia in famiglia e negli affari.

- SEGRETO n. 2: gli esclusi vanno reintegrati.

- SEGRETO n. 3: l'irretimento si ha quando qualcuno prende le emozioni di qualcun altro all'interno della famiglia (l'escluso).

- SEGRETO n. 4: accettare le colpe e le responsabilità è fonte di forza; accettare e prendere su di sé colpe di altri è fonte di debolezza.

- SEGRETO n. 5: le Costellazioni rimettono a posto le gerarchie e fanno scorrere *l'amore sano* là dove era stato bloccato.

Costellazioni sistemiche e business

- SEGRETO n. 6: Bert Hellinger scopre regole che chiama "ordini del successo".

- SEGRETO n. 7: verificate l'origine del denaro alla base delle vostre attività.

- SEGRETO n. 8: il rapporto con nostra madre è la chiave del successo.

- SEGRETO n. 9: dietro il successo o l'insuccesso ci sono i membri della famiglia, i soci e le loro azioni del passato.
- SEGRETO n. 10: l'eredità e il denaro devono essere al servizio della vita.
- SEGRETO n. 11: l'impresa deve essere a servizio di molti.
- SEGRETO n. 12: se volete la piena realizzazione professionale, fate giustizia pulendo il vostro albero genealogico!

Capitolo 5:
Come comprendere noi stessi e gli altri con l'Enneagramma

Uno strumento importante per l'evoluzione è lo studio del l'Enneagramma. Conoscere l'Enneagramma serve a completare l'analisi di un albero e a prescrivere adeguati atti liberatori.

L'Enneagramma è una "mappa" che descrive nove tipi di personalità e i rapporti tra di esse. Conoscerlo permette di sfumare i difetti, consente di individuare le principali tendenze di carattere, visioni del mondo e attitudini, nonché le più probabili ipotesi evolutive. Accresce le possibilità di realizzazione e di trasformazione interiore con i punti di forza e le vie di miglioramento.

Ogni personalità rappresenta il risultato delle difese infantili nel processo di adattamento all'ambiente, poiché ciascuno di noi nell'infanzia ha dovuto adottare modalità relazionali creando il proprio Enneatipo. Ci sono 9 tipi di personalità e ciascuno di noi appartiene a una di queste. L'Enneagramma è rappresentato da un cerchio che include un triangolo equilatero intersecante una figura a sei lati. I punti che toccano il cerchio sono numerati da 1 a 9 in senso orario.

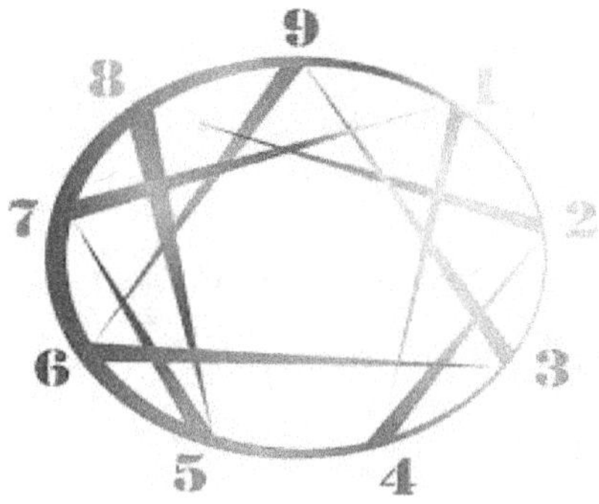

Darò qui gli elementi base di questo importante strumento. Potrete comunque iniziare a scoprire il vostro Enneatipo. Serve per relazionarsi al meglio agli altri e per scoprire lati di noi che probabilmente faremmo fatica a confessarci. Personalmente studiare l'Enneagramma mi ha permesso di capire e accettare di più i miei difetti, sfumarli e anche comprendere di più i miei genitori.

Con lo studio e la pratica, saprete scoprire l'Enneatipo di chi vi sta di fronte da un gesto, da una frase, da uno sguardo; significa che potrete capire la sua personalità, intuire la sua scala di valori e, in alcuni casi, intuire cosa pensa. È uno strumento notevole per la selezione del personale. Per il mio lavoro è un strumento utile per creare atti liberatori efficaci. Ogni Enneatipo ha 3 sottotipi: conservativo, sessuale e sociale, con specifici percorsi evolutivi.

Qui vi darò le nozioni base dei 9 Enneatipi.

Enneatipo 1 - Il perfezionista. "Se non sono perfetto non sono accettabile, quindi non posso sbagliare"
Tratti identificativi:

- amante della perfezione, della puntualità, della logica, dei dettagli;
- esercita forte controllo sulle emozioni;
- critico e giudicante: esiste un'unica strada giusta da seguire.

Al suo meglio: saggio, perspicace, realista e nobile. Può essere moralmente eroico.

I tipi 1 sono coscienziosi e etici, con un grande senso del giusto e dello sbagliato. Sono insegnanti, crociati, promotori del cambiamento e spesso in lotta per migliorare le cose. Ben organizzati, ordinati e puntigliosi, cercano di mantenere standard elevati e possono scivolare nell'essere critici e perfezionisti.

Evitano la collera, che considerano una forma di imperfezione, infatti hanno tipicamente problemi con il risentimento e l'impazienza. Cercano inconsciamente di reprimere questo loro atteggiamento lasciandolo trapelare solo con amici intimi attraverso manifestazioni di rancore verso errori altrui. Sono spesso frustrati: la perfezione non esiste, quindi è come avere un obiettivo irraggiungibile. Voi come vi sentireste? Inoltre sentono il dovere di fare sempre ciò che è giusto e pretendono lo stesso dagli altri.

Esempi di perfezionisti: governanti perfette, ragionieri precisi, insegnanti puntigliosi. Sono da ammirare per la loro *volontà e costanza,* onestà e franchezza con tutti. Sono "i primi della classe", spesso intellettuali che padroneggiano la materia. Sono coloro che, più di tutti gli altri tipi, somatizzano, perché non esprimono le loro emozioni.

L'insoddisfazione rende i tipi 1 un po' irrequieti e irascibili, perché considerano certi errori altrui inaccettabili e si aspettano che ogni persona sia cosciente del proprio errore o mancanza e si corregga da sola. Questo comportamento fa dei tipi 1 delle persone poco adattabili all'ambiente che le circonda; c'è in loro una tacita e sottile intolleranza nei confronti della realtà.

I dettagli di come vengono fatte le cose per loro sono fondamentali, perciò perdono il senso del problema nel suo insieme trascurando di comprendere le azioni che devono essere fatte per prime. La meticolosità li rende lenti nel prendere le decisioni; se si vuole collaborare con loro, è meglio non far loro fretta.

Alcune affermazioni che i tipi 1 condivideranno:
1. Tendo a vedere la realtà in termini di giusto e sbagliato.
2. Mi sforzo di correggere i miei errori e di migliorarmi.
3. Sono spesso infastidito dal fatto che le cose non vanno come dovrebbero.
4. Critico spesso sia me stesso sia gli altri.
5. Mi sento quasi obbligato a essere onesto.
6. Sono una persona scrupolosa e responsabile.
7. Mi identifico facilmente con chi lotta contro il male e mi danno

fastidio le ingiustizie.

Come riconoscerli: indicano con il dito puntato "a puntualizzare", sguardo nervoso, severo e leggermente infastidito.

Origini familiari: un genitore severo, perfezionista.

Film rappresentativo: il personaggio di Mr Stevens in *Quel che resta del giorno*.

Persone famose: Martin Lutero, Alessandro Manzoni, Franco Battiato, Margaret Thatcher, Gandhi, Massimo D'Alema.

Enneatipo 2 - L'altruista. "Non ho bisogno di nulla e desidero rendermi utile"

Tratti identificativi:

- Ha molte amicizie, elemento fondamentale per la sua vita.
- Ottimo ascoltatore, presta il suo aiuto agli altri.
- Emozionale, ama il contatto fisico nelle relazioni.

Gli Enneatipi 2 sono seduttivi in quanto adottano strategie inconsce per compiacere le aspettative altrui. Evitano di ammettere le loro necessità, mentre *sono pronti a soddisfare quelle degli altri*. Dietro l'apparente altruismo si cela la profonda necessità di ricevere qualcosa in cambio dalle persone che hanno aiutato, di fatto stima e amore. Ovviamente non lo ammetteranno perché non riconoscono questo loro modo di agire. I tipi 2 hanno bisogno di sentirsi utili, di soddisfare i bisogni altrui, e questo è il modo più diretto per creare dei vincoli. Inoltre si aspettano che l'oggetto delle loro attenzioni noti e apprezzi quello che fanno per lui, altrimenti ne saranno feriti. Di solito non si lamentano direttamente con la persona che non li ha apprezzati, ma arrivano a parlarne male con altri.

Possono utilizzare vari tipi di manipolazione per rendere gli altri dipendenti da loro. Sentono orgoglio nel sacrificarsi per gli altri. Dotati di grande capacità di comprensione, non ci si deve meravigliare se si considerano dei "santi viventi". Sono naturalmente dei non violenti e, invece di giudicare, aiutano gli altri nelle disgrazie o nel recuperare gli errori.

Alcune affermazioni che i tipi 2 condivideranno:
1. Provo più orgoglio nel servire gli altri che in qualsiasi altra cosa.
2. Molti mi considerano un buon amico e dipendono da me.
3. Mi piace soccorrere le persone in difficoltà.
4. Gli altri spesso ricorrono a me per ricevere conforto e consiglio.

5. Non sento di avere così tanti bisogni.

6. A volte mi sento vittima degli altri, come se mi usassero.

Come riconoscerli: sorridenti, gestualità accogliente, comunicazione tattile.

Film rappresentativo: il personaggio di Maggie (Elizabeth Taylor) ne *La gatta sul tetto che scotta*; il personaggio di Thelma (Geena Davis) in *Thelma e Louise*.

Origini familiari: da piccoli si rendono subito conto che, se imparano a soddisfare le aspettative, vengono ricambiati con amore. Hanno quindi l'abilità di scoprire di cosa hanno bisogno gli altri e come darlo loro.

Persone famose: Cleopatra, Luciano Pavarotti, Elizabeth Taylor, Madre Teresa di Calcutta, Papa Giovanni XXIII, Brigitte Bardot, Lionel Richie, Stevie Wonder, Casanova, Juliette Binoche.

Il lavoro di trasformazione implica l'entrare nelle zone oscure e questo va contro i principi della struttura dell'Enneatipo 2, che preferisce vedersi solo in termini positivi e luminosi.

Enneatipo 3 - Il manager. "Vivere per il successo"

Tratti identificativi:

- Cura l'immagine proiettandone una positiva e attraente di sé.

- Lavoratore instancabile, iperattivo e buon pianificatore.

- Quando deve ottenere qualcosa, agisce immediatamente e senza pensarci troppo.

I tipi 3 evitano l'insuccesso credendo che la loro vita personale dipenda solo dal successo delle loro azioni. Per questo motivo tendono a identificarsi totalmente nel ruolo che svolgono, qualsiasi esso sia. Dal loro punto di vista l'insuccesso è inammissibile e per questo tendono a scegliere quei ruoli non troppo difficili che hanno una possibilità di successo più elevata di altri. Mettono per iscritto obiettivi e mete e ne controllano il raggiungimento.

Al successo sacrificano la vita e hanno la tendenza a mostrarsi intolleranti verso le inefficienze, lo spreco di tempo e l'incompetenza. Quasi senza rendersene conto, in pubblico *fingono* i comportamenti che ritengono indispensabili per il successo, spesso sacrificando i loro veri sentimenti. Vestiti firmati, orologi costosi, auto prestigiose.

Tendono a non avere una vita personale perché troppo presi dal loro ruolo. Finiscono con il mettersi una maschera (inconsapevolmente) e quindi si fa fatica a conoscerli realmente. Scelgono professioni in cui sono indipendenti (venditori, dirigenti, medici, politici). Spesso dimenticano l'apporto che gli altri hanno dato al loro successo, usandoli come strumenti per realizzare i loro successi, che non sono mai abbastanza. Mostrano attenzione per l'attivismo e in un gruppo sono molto validi per l'organizzazione. Sono di stimolo, entusiasti, e è tipica l'insistenza nel definire gli obiettivi, i lavori da svolgere e gli standard di valutazione dei successi e degli insuccessi. Se fate parte del loro gruppo avete la certezza di fare parte di un'équipe vincente.

I tipi 3 saranno probabilmente d'accordo con le seguenti affermazioni:

1. Mi piace lavorare a pieno ritmo.
2. So organizzare e portare a termine le varie questioni.
3. Gli altri mi invidiano per i risultati che ottengo.
4. È facile per me prendere decisioni.
5. Per avere successo può essere necessario forzare un po' le cose.

Come riconoscerli: postura eretta, sguardo vigile e attento, sorriso come in posa per la foto.

Film consigliati: Miranda (Meryl Streep) nel film *Il diavolo veste Prada*; George Jefferson della serie televisiva *I Jefferson*.

Origini familiari: da bambino il tipo 3 associava il fatto di aveva l'amore solo quando aveva successo.

Persone famose: Tom Cruise, Flavio Briatore, Cristiano Ronaldo, Oprah Winfrey, Silvio Berlusconi, Sharon Stone.

Enneatipo 4 - Il romantico. "Si è importanti per quel che si è, non per quel che si fa". "Profondità contro superficialità"
Tratti identificativi:

- Tende a rendersi unico: vestiario/lavoro/stile di vita.
- È creativo e lo manifesta attraverso l'arte.
- Si concentra su quello che non ha adesso e rimpiange quello che ha perso in passato o che avrebbe potuto avere.

Al suo meglio: è ispirato e altamente creativo, in grado di rinnovare se stesso e trasformare le sue esperienze.

I tipi 4 si sentono diversi dagli altri (*"evito di essere una persona ordinaria"*) nel senso *tragico* che caratterizza le loro vite, spesso dovuto a un senso di abbandono da parte di uno dei genitori. Pensano che gli altri non comprendano la solitudine e la sofferenza che portano dentro.

I tipi 4 sono persone affascinanti, hanno cuori compassionevoli, sanno cos'è il dolore e cosa significa sentirsi soli e abbandonati. Hanno di solito problemi con la malinconia, l'autocommiserazione e si offendono facilmente. Hanno un eccellente senso artistico, buon gusto, e la loro diversità è spesso un dono per le persone che li circondano.

I tipi 4 sani sono onesti con se stessi, riconoscono i propri sentimenti e sanno riconoscere le contraddizioni e i conflitti emotivi senza negarli o mascherarli. Anche se possono non amare ciò che scoprono, non cercano di razionalizzare il proprio stato e non tentano di nasconderlo. Non hanno paura di vedere le loro imperfezioni.

Il loro senso di tragedia li fa sentire speciali. Anche quando sembrano cordiali o amichevoli, il loro sorriso si può mascherare di distacco. Si vestono con discrezione e gusto. Non è facile conoscerli bene. Rivivono spesso i dolori del passato e rimpiangono le opportunità perse: l'infanzia difficile, le delusioni, la solitudine e gli abbandoni. Fanno fatica a stabilire relazioni profonde e, sentendosi fraintesi, non permettono agli altri di conoscerli a fondo.

La routine e la ripetitività li intristiscono. Hanno spesso 2 lavori, uno per vivere e l'altro perché è la loro passione. Pungente senso dell'umorismo dato dalle sofferenze, anche degli altri, a cui partecipano emotivamente. Hanno di fondo un'immagine depressiva e sbalzi d'umore.

Nel caso in cui sentono di perdere la persona cara, possono reagire con iperattività per allontanarne il pensiero dell'abbandono oppure cadere in depressione con pensieri negativi ricorrenti.

I tipi 4 saranno probabilmente d'accordo con le seguenti affermazioni:

1. Provo nostalgia per il passato.

2. Oscillo tra alti e bassi: o molto allegro o molto triste.

3. La gente mi accusa di essere troppo drammatico, in realtà non capisce come mi sento.

4. Le espressioni artistiche sono importanti come mezzo per incanalare le mie emozioni.

5. Mi piacciono il teatro e il cinema.

6. Penso spesso alla sofferenza, alla perdita e alla morte.

7. Sono colpito fortemente dalla fine di una relazione.

Come riconoscerli: sguardo malinconico, stile di abbigliamento eccentrico o in nero.

Film consigliato: il personaggio di Italia (Penelope Cruz) del film *Non ti muovere*; Francesca (Meryl Streep) del film *I ponti di Madison County*.

Origini familiari: il bambino vive il distacco dall'adulto che ama.

Persone famose: Mia Martini, Frida Kahlo, Maria Callas, Johnny Deep, Oriana Fallaci, Amy Winehouse, Marlon Brando, James Dean, Jim Morrison, Edith Piaf, Renato Zero, Luigi Tenco, Claudio Baglioni, Giacomo Leopardi.

Enneatipo 5 – L'Eremita. "La conoscenza è potere"
Tratti identificativi:

- Esperto o forte detentore di conoscenze intellettuali.

- Riservato nel suo spazio personale.

- Amante delle informazioni e del sapere.
- Preferisce stare "dietro le quinte".
- I suoi bisogni tendono a essere minimi.

Al suo meglio: pioniere, visionario, spesso all'avanguardia e in grado di immaginare il mondo in un modo completamente nuovo.

I tipi 5 (*"evito il vuoto"*) sono acuti, razionali, obiettivi, curiosi e riescono a impegnarsi e a concentrarsi sullo sviluppo di idee e abilità complesse. Sono indipendenti, innovativi e pieni di inventiva, ma possono lasciarsi assorbire dai pensieri e da elaborazioni immaginarie e diventare distaccati.

I tipi 5 sentono il desiderio profondo di evitare il vuoto interiore che li fa sentire una nullità. Spesso considerano superficiale il modo di pensare degli altri e, per riempire questo vuoto, si isolano fisicamente e mentalmente dagli altri per pensare e cercare di dare un senso alla realtà. Sono osservatori della vita più che protagonisti e, anche quando escono dal loro isolamento, rimangono *ai margini* senza farsi coinvolgere profondamente.

Non dicono tutto quello che sanno perché questo li farebbe sentire *svuotati*. Dedicano ore allo studio e alla riflessione e, prima di pronunciarsi, devono prepararsi bene. Sono gelosi della loro privacy e hanno bisogno di un loro spazio per capire la *realtà,* che per i tipi 5 significa "esattezza di giudizio"; una realtà che sentono di dover affrontare da soli.

Le nuove conoscenze li fanno sentire realizzati e si reputano obiettivi nelle valutazioni. Infastidiscono gli altri perché, con il vivere nel loro mondo, spesso dimenticano appuntamenti, nomi e persone conosciute anche da poco. Dalle riunioni sociali spesso se ne vanno senza una spiegazione e senza salutare. Tendono a essere un po' avari per quello che riguarda le loro conoscenze, i soldi – che li fanno sentire indipendenti – o il loro tempo, che non vogliono condividere. Accumulano e conservano gelosamente le loro fonti di conoscenza, per cui spendono prevalentemente in tecnologia, in libri.

Se si chiede loro come si *sentono*, probabilmente risponderanno a cosa stanno *pensando*, dato che per loro la realtà è in base a ciò che è significativo e non a ciò che si sente; "i sentimenti sono meno importanti della conoscenza". Tendono a *dividere la loro vita in compartimenti stagni.* Un incontro improvviso o troppo ravvicinato può portarli a fuggire con qualche scusa. Sono in linea di massima persone gentili, parlano in modo dolce e considerano la vita piena di significato. Non giudicano la realtà o ciò che è giusto o sbagliato, buono o cattivo, per loro è interessante conoscere ogni cosa.

I tipi 5 saranno probabilmente d'accordo con le seguenti affermazioni:

1. Tendo a non mostrare i miei sentimenti.
2. Mi tengo strette le informazioni che potrebbero essermi utili per il futuro.
3. Non so sostenere bene le conversazioni formali.
4. Mi piace sintetizzare e mettere insieme informazioni differenti.
5. Non riesco a parlare quando mi sento a disagio o quando mi chiedono come mi sento.
6. Se sorge una questione, preferisco prima analizzarla da solo.

Come riconoscerli: quando parlano tengono le dita a esprimere il cerchio dell'OK.

Film consigliato: il personaggio di Titta di Girolamo (Tony Servillo) nel film *Le conseguenze dell'amore*; Antoine (Jean

Rochefort) nel film *Il marito della parrucchiera*; John May (Eddie Marsan), il protagonista del film *Still Life*; il personaggio di Sheldon Cooper nella serie televisiva *The Big Bang Theory*.

Origini familiari: il tipo 5 ha affrontato una perenne intrusione o un prematuro abbandono.

Persone famose: Albert Einstein, Agatha Christie, Stephen Hawking, Rita Levi Montalcini, Alfred Hitchcock, Jodie Foster, Steven King, Greta Garbo, Bill Gates, Hermann Hesse, Michael Crichton, Marie Curie, John Lennon, Alberto Sordi.

Enneatipo 6 – Lo scettico. "Fidarsi è bene, non fidarsi è meglio"
Tratti identificativi:

- Ama le situazioni sicure.
- La lealtà e la fiducia sono elementi fondamentali nella sua vita.
- Ha comportamenti ambivalenti e contraddittori.

Al suo meglio: interiormente stabile e sicuro di sé, infonde coraggio e fiducia a se stesso e agli altri.

I tipi 6 (*"evito di sbagliare"*) sono affidabili, leali, cordiali, responsabili e gran lavoratori. Sono eccellenti nell'individuare i problemi, prevedendoli e incoraggiando la cooperazione, ma possono mettersi sulla difensiva, diventare evasivi, ansiosi. Possono essere troppo cauti e indecisi, ma anche reattivi per paura e avere un atteggiamento ribelle e di sfida. Solitamente hanno problemi con il dubbio e il sospetto e vivono spesso in apprensione e con paura le aspettative altrui.

«Dov'è la fregatura?» si chiedono interiormente. Solo bianco e nero, le ambiguità danno loro mancanza di fiducia in se stessi. Sempre a vedere il bicchiere mezzo vuoto, o a cercare l'errore o il pessimismo («Se l'aereo cade non puoi salvarti»; «Dopo le otto la metropolitana è pericolosa»; «E se poi sul treno arriva gente brutta che si siede vicino a me?»). La paura arriva alla fobia («Non vado mai in auto con loro perché ogni tanto bevono alcolici»; «Quello cerca di fregarmi»).

Sviluppano una doppia attenzione: verso quello che fanno e verso quello che potrebbe succedere. I problemi arrivano quando devono prendere decisioni serie: e se sbagliano? Preferiscono che sia un'autorità a scegliere per loro in modo da poter far ricadere su altri l'errore. In nome della sicurezza compiono incredibili sacrifici.

A volte sono preparati e, alla proposta di mettere su un'azienda e lavorare in proprio, rispondono: «Ma sei impazzito? E se fallisce? No no no, qui ho lo stipendio a fine mese assicurato!» Ogni volta che hanno il successo a portata di mano, adottano strategie inconsce per sabotarlo («E se poi va male?»).

Sono molto cauti nei rapporti e vedono manipolazioni ovunque. Se danno fiducia è completa e, se viene tradita, difficilmente e a fatica si riuscirà a conquistarla di nuovo.

L'*attaccamento* all'autorità è dovuto alla *sicurezza* che ne deriva. Non sanno cosa fare nel tempo libero, per loro il tempo bisogna impiegarlo nello svolgere i compiti assegnati da un'autorità esterna. C'è sempre qualcosa di cui essere ansiosi o timorosi, dell'ignoto o del futuro.

Non hanno fiducia nelle proprie capacità che non hanno sfruttato perché hanno *paura dei cambiamenti*. La vita presenta loro pericoli e richieste, quindi devono prestare attenzione a svolgere i loro compiti.

Anche la lettura rappresenta per loro un problema, perché poi si richiederebbe loro di sapere tutto quello che hanno letto. Questo rappresenta per loro un ostacolo e, a volte, addirittura porta a evitare completamente la lettura.

Ecco le affermazioni su cui si troveranno probabilmente d'accordo:

1. Sono fondamentalmente una persona moderata.
2. La fedeltà verso un gruppo è importante per me.
3. Mi risulta difficile oppormi a chi rappresenta l'autorità.
4. Prima di prendere una decisione mi informo bene per essere preparato e analizzo le opzioni.
5. Mi piace sentirmi sicuro prima di agire.
6. Mi fa stare bene avere dei limiti e delle direttive entro cui operare.
7. La "prudenza" è una qualità molto importante per me.

Come riconoscerli: Sguardo lievemente spaventato o diffidente, postura ingobbita.

Film consigliato: il professore di fisica Larry Gopnik (Michael Stuhlbarg) nel film *A Serious Man.*

Origini familiari: una serie di continue punizioni senza giusta causa da parte di adulti poco affidabili. Padre magari severo, insegnante esigente, ha dovuto essere in grado di soddisfare alti standard limitandosi a ubbidire. Di conseguenza, per tutta la vita lo scettico cercherà una persona o un organismo di cui fidarsi e che gli indichi cosa fare.

Persone famose: Don Chisciotte, Pietro (l'apostolo), Sigmund Freud, Don Abbondio, Leonardo Pieraccioni, Socrate, Immanuel Kant, Kafka, Woody Allen, Carlo Verdone, Nanni Moretti, Richard Nixon, Michael Moore, Spike Lee, John Travolta.

Enneatipo 7 - L'Artista. "Vivere sulle ali della libertà". "Divertiti e sii audace"

Tratti identificativi:

- Energico, pieno di vita, ottimista, spensierato e allegro.
- Ha talenti in più aree.
- Iperattivo e sempre pronto a partire per una nuova iniziativa.
- Carismatico e buon comunicatore.

Al suo meglio: concentra i suoi talenti su cose di valore, diventando riconoscente, gioioso e soddisfatto.

I tipi 7 (*"evito il dolore"*) sono estroversi, spontanei, vivaci e concreti, ma può succedere che applichino scorrettamente i loro molti talenti, prendendosi troppi impegni e diventando dispersivi e indisciplinati. Sono costantemente alla ricerca di nuove e emozionanti esperienze e hanno tipicamente problemi con l'impazienza e l'impulsività.

Tendono ad allontanarsi da tutto quello che li ha fatti soffrire nell'infanzia, a vivere nel divertimento e nella speranza. Sono gli eterni Peter Pan. A volte risultano superficiali, è che non vogliono soffrire. Il loro valore più importante è la libertà. Sono attivi come i tipi 3, ma la differenza è la motivazione: i tipi 3 devono raggiungere obiettivi e successo, i tipi 7 scappare dal guardarsi dentro.

Sperimentano, ma non approfondiscono. Al contrario dei 3, che portano a termine, loro lasciano le cose a metà per qualcosa che li stimola di più. Sono veloci nell'apprendimento ma, appena imparata qualche parola di inglese, passano al tedesco e convincono anche gli altri di conoscerlo bene.

I tipi 7 cercano di godere di tutti i piaceri che la tavola imbandita della vita offre. Sono golosi non solo di cibo, ma di esperienze della vita, che ingoiano a grande velocità. In genere sono anti-autoritari e non amano farsi carico delle responsabilità altrui, ma adottano un comportamento diplomatico e non oppositivo. Sono stimolanti in compagnia e creativi.

Quando nella loro vita capitano eventi negativi, riescono a spostare la loro attenzione sulla spensieratezza, risultando agli altri superficiali. Questo non significa che non riescano ad andare in profondità, ma quelle volte che lo fanno cercano di non farlo trasparire. Non sono per niente accondiscendenti e a volte utilizzano battute taglienti.

Hanno la capacità di elaborare le informazioni perché le immagini creano le loro emozioni. Quindi possono diventare pittori, artisti, musicisti, attori; tutto quello che rappresenta una commistione tra immagine e sensazione li attira molto.

I tipi sette saranno probabilmente d'accordo con la maggior parte di queste affermazioni:
1. Non sono sospettoso verso gli altri quanto lo sono gli altri.
2. Le cose si aggiustano sempre per il meglio.
3. Tendo a saltare da una cosa all'altra piuttosto che finirne una.

4. Le persone dovrebbero prendere le cose più spensieratamente.

5. Di solito vedo il lato positivo delle cose e eludo quello negativo.

6. Mi piacciono quasi tutte le persone che incontro.

7. Mi piace raccontare storie.

8. Spesso mi dicono che sono io a rallegrare il gruppo.

9. Non credo sia giusto essere tristi a lungo.

Come riconoscerli: sorridenti, postura scanzonata, sguardo vivace.

Film consigliato: il personaggio di Guido (Roberto Benigni) del film *La vita è bella*; il professore John Keatin (Robin Williams) nel film *L'attimo fuggente*.

Origini familiari: il bambino sviluppa una strategia per ricreare uno status del passato ormai perduto e evitare il riproporsi di quel dolore.

Persone famose: Peter Pan, Francesco D'Assisi, Jovanotti, Robin Williams, Roberto Benigni, Gianna Nannini, Vasco Rossi, Claudio Bisio, Dario Fo, Steven Spielberg, Cameron Diaz, Elton John, W.A. Mozart, Richard Branson, Leonardo Da Vinci, Gérard Depardieu, W. Goethe.

**Enneatipo 8 - Il capo. "La potenza è nulla senza il controllo".
"Controllo la situazione"**

Tratti identificativi:

- Ama la leadership e il controllo delle situazioni.

- È abile nel persuadere la gente.

- Se attaccato, diventa aggressivo.

- Ama gli scontri diretti e la schiettezza.

- È vendicativo.

Al suo meglio: padroneggia se stesso, usa la propria forza per migliorare la vita degli altri, diventando eroico, magnanimo e ispiratore.

I tipi 8 ("*evito la debolezza*") sono sicuri di sé, forti e assertivi. Sono protettivi, pieni di risorse, risoluti e diretti nel parlare, ma possono anche essere egocentrici e dominanti. Sentono di dover controllare il proprio ambiente, specialmente le persone deboli, diventando talvolta polemici e intimidatori. Hanno tipicamente problemi con l'irascibilità e con il permettersi di essere vulnerabili.

Gli 8 sono gli sceriffi che difendono la città dai banditi. Di fatto l'atteggiamento è simile a quello del tipo 1 che però, trovando un malfattore, lo consegnerebbe alla giustizia, mentre il tipo 8 lo difenderebbe a oltranza, anche di fronte alla legge, perché è sotto la sua personale protezione. Difendono i loro accoliti, o chi decide di essere sotto la loro protezione, anche se hanno torto. Perché, in questo caso, è il sistema a essere una minaccia e loro li difendono dal sistema.

Per i tipi 8 il concetto di giustizia è piuttosto soggettivo. Sono sicuri di sé e analizzano l'avversario guardandolo con sorriso sornione in attesa che faccia un passo falso, ma colpiscono duramente solo quando vi è una reale motivazione. Sono vendicativi e odiano inganni e sotterfugi. Se si battono, sono leali. Se da un lato è rassicurante avere un tipo 8 nel gruppo o come partner, dall'altro il problema sorge quando si desidera sfuggire al suo controllo, perché cercherà di aumentare il suo senso di controllo e di possesso.

I tipi 8 vogliono controllare, ma non vogliono essere controllati. Tendono alla lussuria e sono anti-autoritari, come i tipi 7 ma, mentre questi usano la diplomazia e l'abilità comunicativa, gli 8 usano la forza. Sfidano l'autorità perché si reputano essi stessi l'autorità e tendono a disprezzare chi si mostra debole. La loro attenzione è sul qui e ora, in tutti i sensi, e per questo prediligono l'azione al pensiero.

Fanno fatica a essere empatici e cercano i punti deboli degli altri per non avere pietà nell'attaccarli, se serve. Spesso sono poco apprezzati all'inizio per la loro aggressività, ma l'amore profondo presuppone coraggio e loro ne hanno da vendere. Sono rapidi a capire gli atteggiamenti opportunisti delle autorità e li combattono come ingiustizie. Non temono di essere respinti e non danno importanza a quello che gli altri pensano di loro, devono piacere a se stessi, non agli altri. Amano attirare l'attenzione e si comportano in modo da farsi notare. Di solito non nascondono la loro insoddisfazione e vanno ammirati per lo zelo che pongono in ogni cosa che fanno.

Alcune informazioni in ci si ritroveranno i tipi 8:
1. Mi piace esercitare il potere.
2. Non amo essere controllato e essere messo con le spalle al muro.
3. Mi considero un grande lavoratore.
4. Ho abilità e coraggio per lottare per ciò che desidero.

5. La giustizia e l'ingiustizia sono questioni chiave per me.

6. Mi rendo conto di chi ha il potere in un gruppo.

7. Ho problemi ad accettare e a mostrare il mio lato gentile e debole.

8. Proteggo le persone che sono sotto la mia autorità e giurisdizione.

9. Di solito non mi interessa l'introspezione o l'eccessiva autoanalisi.

Come riconoscerli: temperamento sanguigno, camminata dominante, atteggiamento territoriale, sguardo volitivo.

Film rappresentativi: il personaggio di Massimo Decimo Meridio (Russell Crowe) del film *Il gladiatore*; Walt Kinaski (Clint Eastwood) nel film *Gran Torino*.

Origini familiari: da piccoli hanno subito ingiustizie o aggressioni verbali e hanno registrato il fatto che il mondo è dei più forti e che, se ci si mostra deboli, qualcuno potrebbe colpire duramente.

Persone famose: Benito Mussolini, John Wayne, Russel Crowe, Fidel Castro, Clint Eastwood, Martin Luther King, G.I. Gurdjieff, W. Churchill, Bette Davis, Stalin, Mao Tse-tung, Pablo Picasso.

Enneatipo 9 - Il diplomatico. "Vivere in pace, a qualsiasi costo"

Tratti identificativi:

- Si adatta alle situazioni e ai suoi interlocutori.

- È gentile e disponibile.

- È ottimista: "I problemi si risolvono da soli".

- Conosce poco i suoi bisogni e incorpora quelli di chi gli sta intorno.

Al suo meglio: è indomito, inclusivo, capace di unire le persone e sanare i conflitti.

I tipi 9 (*"evito il conflitto"*) sono calmi, accoglienti, fiduciosi e equilibrati. Sono solitamente creativi, ottimisti e capaci di dare sostegno, ma possono tendere a essere troppo accondiscendenti per mantenere la pace. Vogliono che tutto vada liscio e sia senza conflitto, ma tendono a semplificare i problemi minimizzando qualsiasi cosa. Hanno tipicamente problemi con l'indolenza e la testardaggine.

La loro debolezza è che non è in contatto con se stesso, con il sé profondo e è per questo che hanno una personalità camaleontica.

Di fondo fanno fatica ad amarsi e ad accettarsi. Il loro valore principale è la pace universale. Più tempo hanno a disposizione, tanto meno faranno, in quanto hanno difficoltà a distinguere le priorità lasciando alla fine le cose importanti.

I 9 hanno perso contatto con i propri desideri indirizzando le proprie energie verso il soddisfacimento di quelli degli altri, che tendono a fare propri. Vivono in una specie di limbo di decisioni confuse ma, quando la decisione è presa, la testardaggine dei 9 è proverbiale: niente e nessuno potrà più smuoverli. Riempiono la giornata di passatempi e anestetizzano i veri bisogni, dedicandosi ad abitudini alimentari, programmi televisivi e passatempi banali.

Invece di cercare una propria posizione, nelle discussioni concentrano la loro attenzione sul fatto se sono d'accordo o meno con le opinioni degli altri. Si trovano in linea di massima bene in tutte quelle strutture in cui gli altri prendono le decisioni per loro. Per avere la loro opinione personale, l'unico sistema è quello di stimolarli e spesso bisogna guidarli a capire qual è la loro opinione.

I diplomatici tendono a soffrire di "depressione da poltrona":

quando la situazione si fa statica, si congelano nella dolce tristezza di una comoda poltrona. Dover scegliere spesso può essere traumatico e preferiscono rimandare al limite estremo. Esprimono la rabbia in maniera indiretta tramite una chiusura rispetto alla persona con cui sono adirati, comportandosi da "muro di gomma". Prima che si rendano conto che la propria rabbia è motivata, valutano attentamente ma, quando poi l'ira esplode può spaventare chi è abituato ad avere a che fare con un pacifico 9.

Le affermazioni che i tipi 9 condividono:
1. La maggior parte delle persone si agita troppo di fronte alle cose.
2. Mi piace avere il tempo per fare nulla.
3. Mi addormento facilmente.
4. Sebbene esistano differenze, tutte le persone mi sembrano simili.
5. Di solito non mi entusiasmo troppo per le cose.
6. Non c'è nulla di così urgente che non possa attendere fino a domani.
7. Il mio atteggiamento è: "Non permetterò ad alcunché di innervosirmi".

8. Posso essere un arbitro imparziale perché considero entrambe le parti uguali.

9. Credo a questa affermazione: "perché stare in piedi quando si può stare seduti, perché stare seduti se si può stare sdraiati?"

Come riconoscerli: sorridenti, espressione dolce, leggermente in sovrappeso.

Film rappresentativi: il personaggio di Viktor Navorsky (Tom Hanks) del film *The Terminal*; Precious (Gabourey Sidibe) nel film *Precious*.

Origini familiari: il 9 si sviluppa in una famiglia in cui non hanno dato importanza ai suoi bisogni.

Se vi siete ritrovati in quasi tutte le figure (enneatipi) fin qui spiegate probabilmente siete un 9.

Persone famose: Tom Hanks, Barak Obama, Lucia (*I promessi sposi*), Walt Disney, Papa Francesco, Audrey Hepburn, Massimo Troisi, Grace Kelly, Fabrizio Frizzi, Kevin Costner, Peter Falk.

RIEPILOGO DEL CAPITOLO 5:

- SEGRETO n. 1: ogni individuo, per relazionarsi al mondo, sviluppa una tipologia di personalità.

- SEGRETO n. 2: non c'è un Enneatipo migliore di un altro.

- SEGRETO n. 3: ogni Enneatipo ha punti di forza e punti di debolezza.

- SEGRETO n. 4: conoscere il proprio Enneatipo significa avere un strumento fondamentale per evolvere e elevare il livello di coscienza.

- SEGRETO n. 5: conoscere l'Enneagramma permette di relazionarsi al meglio agli altri.

- SEGRETO n. 6: comprendere l'Enneatipo di un consultante significa elaborare al meglio un atto liberatorio.

Capitolo 6:
Come pulire l'albero con gli atti liberatori

Come abbiamo visto nei capitoli precedenti, in questo lavoro prendiamo coscienza del "fantasma transgenerazionale" che scende nelle generazioni. Il passo successivo è riconsegnare alla persona l'autonomia e la libertà dai vincoli familiari nevrotici.

Dato che il fine ultimo della vita di un individuo è realizzarsi e elevare il suo livello di coscienza, l'esame dell'albero, con la sua narrazione, aiuta a tale scopo liberando il consultante e ridandogli le sue piene e naturali potenzialità.

Quindi, completiamo il processo di liberazione con gli atti liberatori. La somministrazione di atti di carattere simbolico-metaforico è volta a fornire una nuova informazione all'inconscio per sottrarlo alla coazione a ripetere. Vedremo cosa sono gli atti liberatori, come nascono e che caratteristiche hanno. Faremo esempi che potrete utilizzare.

L'importanza della "narrazione"

«Nel momento in cui ne diventiamo consapevoli, in un modo o nell'altro la famiglia comincia a evolvere, e non soltanto i vivi, ma anche i morti: il passato non è inamovibile, cambia a seconda dei punti di vista» (da *La danza della realtà*, di A. Jodorowsky).

«Ciò che non viene a livello di coscienza diventa destino» (C.G. Jung).

Come afferma Antonio Bertoli, la scoperta del segreto è già una fase importante perché le energie si sanano. Nel momento in cui veniamo a conoscenza di nuove informazioni in relazione all'albero, il "sistema famiglia" non deve più serrare i ranghi per proteggersi, per nascondere. Il fantasma nella cripta esce e il sistema si sana, i membri si quietano e la coscienza familiare si libera.

La narrazione dell'albero comporta già una risoluzione dei problemi, quindi l'analisi che propongo, che vi ho insegnato, è finalizzata a fornire spiegazioni ai malesseri per favorire la comprensione e quindi la guarigione. Per vivere meglio è quindi necessario prima di tutto capire quali sono le trappole in cui ci hanno infilato e che noi stessi contribuiamo inconsciamente ad alimentare. Tutto ciò che emerge e arriva al livello di coscienza si sana e non sarà più cieco destino.

Molto è incentrato sulla narrazione, come elemento importante, e gli atti terapeutici che verranno prescritti sono lo sbocco naturale della lettura dell'albero. Anche se, per consuetudine, alla *narrazione* si attribuisce un concetto meno importante – si narra infatti una storia, un racconto, una favola – la narrazione è fondamentale.

Lasciatevi cullare dalla narrazione delle vostre origini e scoprirete probabilmente cose diverse da come le avete viste o vissute in passato. Ad esempio, che la nonna è stata coniugalizzata al padre dopo la morte della madre e che quindi i profondi conflitti con il marito erano la giusta conseguenza di un sistema deviato. *Tutto ciò ci sana nel profondo, ci acquieta e dà all'inconscio le giuste risposte.*

La scienza ha dimostrato che le convinzioni di ieri sono state molte volte falsificate oggi: le teorie tolemaiche, poi Copernico, l'indivisibilità dell'atomo e poi si scopre il protone e il neutrone e il quark, il bosone... E così il tempo e lo spazio, che fino all'altro ieri erano entità discrete, assolute e neutre, con Einstein e la relatività sono diventati variabili dipendenti di quella costante che è la velocità della luce. Ma oggi c'è la "teoria delle stringhe". quindi anche queste teorie sono superate.

Pertanto l'interpretazione della realtà cambia nel corso del tempo, ma, soprattutto, *la realtà muta secondo la nostra interpretazione. Essa cambia in funzione del nostro punto di vista, cioè degli strumenti che adottiamo per interpretarla.* Se la radice del narrare è far conoscere, la realtà può mutare secondo la narrazione che ce ne facciamo. Se uno è triste, anche la sua narrazione del mondo sarà triste, mentre se è allegro, o passivo, o intellettuale, il suo modo di narrare sarà allegro, passivo o intellettuale.

Queste semplici osservazioni ne introducono un'altra importante: *quando parliamo di altro parliamo sempre di noi.* È una considerazione importante perché, se non raccontiamo una bella e buona storia a noi stessi, non possiamo raccontarne una buona e utile a nessuno. *Il sapere è importante, ma le conquiste di equilibrio emozionale sono molto più importanti.*

La narrazione comunica a tutti i centri energetici in simbiosi tra di loro. Vi è mai capitato di sentire una frase, una citazione, un detto che vi ha cambiato la vita? A me è successo con "Cattivi genitori, bravi figli". Questo è il ruolo del Costellatore, del terapeuta: dire la cosa giusta che ci fa riscoprire l'autenticità (e ogni persona desidera essere amata per la sua autenticità).

Trovare il senso della propria vita, della propria famiglia e delle proprie origini significa riconnettersi a qualcosa di più grande della nostra vita: all'essenza di noi stessi. Raccontarci che l'Universo ci ha voluti qui in questo momento e pretende da noi un'affermazione di vita completa perché ogni vita individuale rispecchia il suo progetto universale e che, pertanto, ogni nostra azione, ogni momento della nostra vita è fondamentale. Che il passato ci ha portato qui a queste esperienze a questo stato dell'essere: unico e prezioso. Noi siamo un contributo insostituibile senza il quale la vita stessa si incepperebbe e il suo senso non potrebbe affermarsi. *Siamo unici e preziosi.*

La narrazione è vista come la lenta evoluzione di un essere che si sveglia progressivamente e *eleva il suo livello di coscienza.* Narrare significa far conoscere il senso della vita, l'autenticità offuscata dall'obbligo imposto dalla società, dalla famiglia e dalla cultura. *Dobbiamo narrare per la nostra salute e per la nostra realizzazione, per essere autenticamente noi stessi.*

Raccontandoli, i traumi si allentano e si restituisce a ciascuno di noi il senso delle proprie potenzialità e possibilità.

Bisogna avere fede nel proprio inconscio, nel fatto che, dopo un consulto, una Costellazione, un atto liberatorio, l'Universo ci porterà verso un maggiore livello di coscienza.

Sabrina consiglia*: per liberarsi e alimentare la propria interiorità con la forma più alta di narrazione: la poesia, scrivete qualche riga di poesia ogni giorno prima del sonno come pensiero simbolico, istintuale e come acquisizione di coscienza.*

Domanda chiave: qual è il mio scopo nella vita?

Seppure scoprire i propri fantasmi sia fondamentale per il benessere psicofisico e emozionale, essendo l'albero fonte di svariate informazioni, sapere cosa vogliamo muovere e sanare è rilevante e guida l'analisi dell'albero, gli dà una sfumatura più profonda e serve per calibrare l'atto liberatorio. Come ho detto, è bene porsi con chiarezza la questione che vogliamo risolvere.

Ad esempio: «Ho difficoltà nei rapporti di coppia»; «Desidero guarire dal diabete»; «Sono paralizzato all'idea di rischiare denaro». Scrivetela sul foglio in cui avete disegnato il vostro albero, completo di ciò che avete scoperto in questo libro. Scrivete il desiderio in chiave positiva; dà energia al tutto. Quindi non scrivete: «Voglio scoprire perché litigo spesso con mio fratello» ma «Voglio instaurare un buon rapporto con mio fratello». L'esame dell'albero vi farà scoprire le cause e rimuoverà gli ostacoli.

Ora l'analisi si fa un po' più seria e dobbiamo farci un'altra domanda: qual è il mio scopo nella vita?
Se non avete uno scopo, la guarigione sarà più difficile e probabilmente non farete gli atti, non andrete avanti in questo percorso di consapevolezza. I problemi fisici, emozionali sono le risposte a traumi che l'inconscio conserva come segreti, ma per guarire bisogna anche sapere che cosa si vuole veramente.

Proiettarci verso il futuro significa sanare l'albero e chiedere ai nostri avi di aiutarci, autorizzandoci al successo e alla realizzazione.

Alejandro Jodorowsky racconta che, a causa di un problema di salute, andò da un saggio cinese che prima di tutto gli chiese se avesse uno scopo nella vita. Nel caso non l'avesse avuto, o non fosse stato in grado di esprimerlo, non avrebbe potuto prescrivergli alcuna cura. Il saggio non si soffermò sul contenuto della risposta, per il saggio la cosa importante era che ci fosse uno scopo.

Sabrina consiglia: questa domanda è rilevante, non saltate questa parte, accanto a tutti i dati raccolti e a ciò che avete scoperto, scrivete in stampatello il vostro scopo nella vita, siate onesti, può essere qualsiasi cosa, siate amorali (non immorali) va bene tutto: «Essere un buon genitore», «Acquistare una Porsche», «Trasferirmi a vivere in Toscana», «Guadagnare più di mia sorella»... Siete perfetti!

Lo scopo nella vita serve anche a orientarsi verso una meta perché essa trascinerà il lavoro dell'albero in una direzione vitale per voi, sarà la bussola per orientarsi nell'esame approfondito dell'albero genealogico. La meta, inoltre, ci dice ciò che manca all'albero, ad esempio "avere una salute assoluta, totale, perfetta", "essere più generoso" ecc.

Se lo realizziamo noi è come se lo realizzassero tutti i membri del sistema famiglia e liberiamo i nostri discendenti. Quindi il nostro scopo ha una valenza universale e retroattiva? Certo! Prendetevi il vostro tempo, rifletteteci... Avete scritto? Andiamo avanti, c'è di più.

Jodorowsky andò oltre il messaggio silenzioso del saggio e si rese conto che l'uomo non può realizzarsi solo con una meta personale, egoista. Interpretò la richiesta di conoscere lo scopo nella vita come un invito a liberarsi dagli interessi personali e sostituirli con una meta che contenesse tutti, tutte le creature coscienti dell'Universo. Quindi, per dare più forza al vostro progetto, stabilite anche una meta sociale, altruistica: «Voglio godere di una salute assoluta, totale perfetta e fare un'adozione a distanza»; «Desidero realizzarmi e impegnarmi nel sociale con una fondazione».

Dare uno scopo alla nostra vita e alla ricerca psicogenealogica, e trasferirlo su di un piano sociale più ampio, significa trasformare il nostro desiderio personale in qualcosa di profondo, sociale, altruistico... universale. Vuole dire dargli un'energia immensa. La semplice scrittura in stampatello, secondo la legge d'attrazione, darà una forza notevole.

Vi invito, al momento della riconquista dello stato ottimale o alla realizzazione dei vostri progetti, a fare un atto altruistico: una donazione, un mese di volontariato, pagare gli studi a un ragazzo meritevole e sconosciuto (non vale con parenti o amici), pulire una spiaggia dalla plastica, creare una fondazione.... Rifletteteci!

Quindi, se non riusciamo a immaginare lo scopo, ci ammaliamo. In fondo i nostri mali derivano dal fatto che manchiamo di futuro e di progetti.

Vorrei qui esprimere un concetto tra quelli che mi stanno più a cuore in assoluto: la coscienza progredisce solo se incontra degli ostacoli. La felicità e la realizzazione si raggiungono lottando contro l'inerzia del passato che ci risucchia. Proiettarci verso il futuro è già guarire.

Quindi, se siamo un po' ribelli e diversi dalla nostra famiglia, siamo sulla buona strada, stiamo seguendo la nostra essenza, il nostro vero sé, siamo sulla strada della guarigione e della realizzazione. Da qui il completamento del tutto con la creazione di atti liberatori che introducono un elemento distonico, ma ispirato, che eleva il livello di coscienza e mette in collegamento il conscio con l'inconscio.

Gli atti liberatori

Gli atti terapeutici prescritti da Milton Erickson, così come da Jay Haley, Alejandro Jodorowsky e Antonio Bertoli – ciascuno con la propria particolarità – hanno in comune il fatto di essere atti concreti che vanno oltre la terapia tradizionale. Si tratta di azioni che il consultante deve eseguire e che risolvono le questioni poste in terapia in tempi brevi e in modo più o meno definitivo.

Un singolo atto scioglie ciò che è rimasto radicato per anni, ridando alla persona il senso della sua potenzialità, delle sue possibilità, sciogliendo la coazione a ripetere che la società e la famiglia impongono. Un atto è spesso la trasgressione di un paradigma e dunque un breve, intenso e sano allontanamento dalla realtà quotidiana, ordinaria che vive normalmente una persona. Vivere e verificare una situazione diversa dal nostro paradigma di vita ci immette nell'inconscio un nuovo concetto virtuoso che sostituisce quello vizioso.

Non basta pensare un'informazione nuova, ma è necessario viverla; l'atto rinsalda l'informazione rendendola operativa nella realtà della persona.

L'azione, dall'inizio alla fine, deve essere compiuta dal consultante, il terapeuta la prescrive soltanto. L'atto è finalizzato al benessere della persona e non deve per questo fare del male ad altri, animali e persone e, seppure a tratti possa sembrare difficile, ostico o eccentrico, produce un beneficio per la persona che lo esegue.

La psiche profonda ci aiuta e spesso la realtà intorno a noi si adatta a ciò che stiamo facendo, e il luogo (cimitero, piazza del paese, giardino pubblico o privato, spiaggia, bosco) in cui dobbiamo operare magicamente si spopola lasciandoci agire indisturbati. *Si attivano fortuite "agevolazioni".*

Come nascono?

Essendo ogni famiglia una vera e propria "costruzione del mondo", chi li prescrive deve avere la sensibilità di entrare nel mondo del consultante con umiltà e praticando un annullamento del proprio ego: una sorta di autoipnosi che elimina il giudizio, la mente analitica e i giudizi per entrare nel mondo del consultante.

Si deve fare presenza, porsi nel "qui e ora" e sentire sollievo e benessere lasciando che l'intuizione venga a noi in maniera spontanea.

Jodorosky sostiene di sentirsi animato da un sentimento positivo, disinteressato, di fare del bene e si affida alla mente inconscia aspettando e vedendo lo stimolo che riceve e poi lasciandosi "reagire" a questo stimolo. Bisogna utilizzare l'immagine del mondo del consultante poiché è dentro questa immagine che è impantanato. È questa la chiave di accesso alla comunicazione e quindi lo strumento per una reale possibilità di cambiamento.

Attraverso le parole del consultante, a poco a poco si riescono a visualizzare i problemi sotto forma di azioni, oggetti, situazioni e persone – altrimenti inattingibili – nella loro qualità di impedimenti o facilitazioni. La psiche profonda sceglie i materiali, la situazione e l'azione che costituiscono l'atto.

Si tratta di azioni a volte apparentemente banali (per esempio eseguire l'azione che il consultante odia o reputa noiosa, ripetendola per ore) ma *assolutamente fattibili. Sono atti carichi di significati emblematici in quanto costituiscono il primo cambiamento concreto all'interno del mondo della persona.*

Questo cambiamento, una volta avviato tramite l'atto, funziona come una palla di neve che parte dalla sommità e si trasforma via via in una valanga mentre rotola giù. Per esempio, anche il solo comprendere che facendo un atto apparentemente rischioso non si muore ci spinge a farne di successivi. Con l'esecuzione dell'atto, la responsabilità del cambiamento è solo della persona che agisce.

Il modo migliore di concepire un atto è quello di vederlo come funzione dell'organizzazione familiare a cui appartiene il consultante. Un atto non modifica solo chi lo mette in atto e non interviene solo nei piccoli o grandi comportamenti personali: esso può produrre dei profondi cambiamenti anche nell'organizzazione sociale di riferimento della persona che li compie. Quindi, quando un sintomo muta, muta anche la struttura organizzativa complessiva.

Sabrina racconta: una consultante mi contatta per un problema di ritardo cronico agli appuntamenti (ritardi fino a 40 minuti). L'atto consigliato è di prendersi l'impegno, ogni volta che fissa un appuntamento, di dare un orario preciso es. 14.30. In caso di ritardo per es. di 20 minuti dovrà aspettare nei pressi dell'appuntamento altri 20 minuti (l'equivalente del suo ritardo) e poi presentarsi all'appuntamento (alle 15.10) senza dare spiegazioni e senza spiegare il motivo reale del ritardo. Sentire il tempo che passa vivendo il disagio dell'attesa l'ha indotta, dopo qualche ritardo, a eliminare tale l'abitudine.

La psicomagia di Jodorowsky

«Siamo tutti bambini abusati» (A. Jodorowsky).

La psicomagia di Jodorowsky è una tecnica terapeutica che consiste nell'inscenare nella vita quotidiana un atto curativo, simile a un sogno, per liberarsi da un blocco inconscio. Il contributo di Jodorowski agli atti liberatori, che lui chiama "psicomagici" è grande, è sicuramente lui ad avere dato *agli atti terapeutici una dimensione metaforica e simbolica più accentuata.*

Il principio su cui si basa la psicomagia è che l'inconscio accetta il simbolo e la metafora dando loro la stessa importanza che darebbe a un fatto reale. Jodorowski, prima di prescrivere gli atti, fa delle domande sull'albero geneaologico e poi prescrive uno o più atti. Indaga in fase di consultazione gli abusi subiti dal consultante, elaborando l'atto anche in relazione a questi. Subire abusi dai genitori è frequente e spesso non ne abbiamo consapevolezza, ma è un'importante causa di disagi e di blocchi.

«Siamo tutti bambini abusati» afferma Jodorowsky. Quando parla di abusi, non fa riferimento solo a quelli sessuali certamente rilevanti ma, più comunemente, si riferisce agli abusi emozionali, materiali, intellettuali e creativi.

Non è qui la sede adatta per esaminare il vasto argomento degli abusi, ne darò solo qualche accenno in riferimento agli atti perché sono un elemento importante. È mio proposito qui porre l'accento sugli abusi più nascosti, più sottili, quelli che ci segnano nel profondo, ma che non sappiamo di aver subito.

Gli abusi

Il termine abuso designa un uso cattivo di qualcosa, un disordine, una devianza. Quindi il concetto di abuso rimanda a un uso non moderato, non giusto, non equilibrato o pertinente. Si definisce abuso il non aver ricevuto quello che ci si spettava in un momento determinato o, al contrario, l'essere stati messi di fronte troppo presto (oppure in proporzioni esagerate) a qualcosa che non eravamo ancora pronti a ricevere.

L'abuso concerne gli atti inflitti a un bambino vulnerabile e non autonomo dagli adulti a cui è affidato. Un genitore che si distrugge con la droga, con l'alcool o con qualsiasi altro mezzo davanti al figlio è un genitore abusante, perché non ottempera alle funzioni genitoriali. *Qualsiasi abuso deriva da una mancanza di coscienza.*

Si parla di abuso sessuale quando un individuo fisiologicamente maturo seduce o costringe una persona immatura ad avere rapporti sessuali, ma è abusante anche un genitore che impone modelli relazionali di tipo distruttivo (botte, atti umilianti, lavoro fino allo sfinimento). Anche le battute aggressive e le umiliazioni quotidiane sono abusi, così come la dipendenza psicologica, che impone confidenze e sottopone conflitti che il bambino non è in grado di gestire.

Qualsiasi abuso crea nello psichismo del bambino una sorta di possessione: segna la vittima diventando un'ossessione, una fobia, una fissazione che la persona, incapace di staccarsi dal trauma, tende a riprodurre, una volta adulta, in varie forme.

Noi riproduciamo costantemente l'ambiente emozionale della nostra infanzia poiché, per quanto terribile, è l'unico legame che ci unisce alla famiglia.

Quando un genitore infantile diventa genitore, ha la tendenza a scaricare sul figlio le carenze che ha dovuto subire obbligandolo a comportarsi come un genitore fin dalla nascita e per tutta l'infanzia; ma un bambino non è psichicamente pronto a comportarsi come un adulto e si tratta di un'infanzia rubata.

Questo abuso soffoca lo sviluppo della fantasia pertanto diventerà un adulto incapace di usare risorse mentali diverse da quelle della razionalità e non avrà fiducia nella forza del suo istinto.

Genitori rimasti emotivamente infantili pretendono di essere i migliori amici dei figli imponendo conversazioni e responsabilità emozionali spropositate per la loro età. Tutti i bambini che vivono situazioni di questo genere sono stati derubati dell'infanzia; *il tranello sta nel fatto che il bambino in genere è fiero di sentirsi utile agli adulti che abusano di lui. Comunque un abuso può essere sottile, indiretto, ma non per questo meno devastante.*

La conseguenza principale dell'abuso è la mancanza di gioia di vivere: l'abuso interrompe il movimento spontaneo della vita. La crescita psichica si interrompe nel momento in cui si è verificato l'abuso, in quanto un'intera parte dell'individuo rimane bloccata all'età del trauma. Si può avere un'età fisiologica di 40 anni, ma reagire emozionalmente come un bambino di 10 anni.

In sintesi, qualsiasi abuso si manifesta con paura, angoscia vergogna, sensi di colpa: qualsiasi impedimento allo sviluppo corrisponde a un abuso. Se le botte feriscono il corpo, le parole possono ferire in maniera assai più duratura: «Sei stupido, non farai mai nulla di buono». Non bisogna dare al bambino dello stupido o burlarsi di lui per la sua pronuncia o la sua sintassi imperfetta, e non dovrebbero farlo nemmeno i fratelli maggiori.

Anche la menzogna e le promesse non mantenute appartengono agli abusi intellettuali, perché creano mancanza di fiducia nella parola.

Gli abusi emozionali più grandi concernono la mancanza d'amore dei genitori nei confronti dei figli. Quando si proiettano sui figli sentimenti negativi (odio, collera, gelosia) si provoca una sorta di cortocircuito psichico. Il bambino sente di essere sbagliato, si sente colpevole, si sente cattivo. Nei litigi di coppia, chiedere al bambino di prendere posizione per un genitore piuttosto che per l'altro è un abuso emozionale, così come l'assenza di comunicazione è un abuso profondo e silenzioso.

Ogni abuso sessuale comporta una perenne insoddisfazione. Il bambino vive nella perenne attesa di quell'amore che l'adulto non gli darà mai. Svalorizzare apertamente il maschile o il femminile è un abuso e usare il figlio come confidente della vita sessuale stabilisce un legame insano.

Si parla ancora poco dell'abuso creativo che consiste nel proibire al bambino di sognare di sviluppare il talento o al contrario di imporgli una pratica artistica rigida sottoponendolo a critiche.
Impedirgli di dispiegare le proprie capacità è un abuso.
Gli esseri umani hanno talenti diversi. Uno degli errori ricorrenti della famiglia è pensare che tutti debbano avere i medesimi talenti.
Quando un bambino è diverso non è raro che venga trattato come un handicappato o un traditore e escluso dal clan.

Il bambino deve avere anche il proprio spazio e del tempo per sé, anche solo un angolino protetto. Genitori che adottano comportamenti tossici davanti ai figli, come drogarsi, fumare, bere troppo, perpetrano un abuso, perché il bambino si deve sentire protetto.

Ora capite meglio perché siamo tutti bambini abusati. A tale proposito, Jodorowsky consiglia atti liberatori per liberarsi dei fantasmi dell'abuso, tecniche efficaci e atti *ad hoc (lettere, confronti diretti)* di cui daremo qualche accenno negli esempi in fondo al capitolo.

Ma ora torniamo all'atto liberatorio e esaminiamo l'elemento base su cui si fonda la sua creazione: il linguaggio analogico.

Il linguaggio analogico

Jodorowsky con i suoi atti mira a ricollegare l'individuo alla sua dimensione "analogica", che è un aspetto fondamentale della psiche profonda che la cultura e la società contemporanea hanno lasciato nel dimenticatoio.

Jodorowsky spiega che, quando abbiamo delle difficoltà, non è con la razionalità che dobbiamo comunicare, ma con la psiche arcaica, usando un linguaggio simbolico e analogico dove non c'è tempo, non c'è bene o male, dove la dualità a cui siamo abituati non esiste più. *Il linguaggio analogico è quello evocativo, del profondo, che viaggia per immagini e che va oltre lo spazio e il tempo.*

Il linguaggio analogico ci serve perché il linguaggio parlato e quello scritto, che costituiscono il principale veicolo di comunicazione, hanno buchi neri e incongruenze. Quando usiamo frasi metaforiche, come «mi si è gelato il sangue» o «mi lacera l'anima», usiamo un linguaggio figurato che non ha alcun rapporto concreto con la realtà cosiddetta oggettiva.

Laddove il linguaggio trova i suoi limiti, interviene lo strumento linguistico della psiche arcaica, il quale non è dotato di un linguaggio fatto di parole, ma solo di immagini. *È con la psiche arcaica che dobbiamo comunicare attraverso gli atti liberatori: bizzarri, strani, senza tempo né spazio, amorali.*

Il linguaggio analogico è quello che unisce il tutto al particolare e non disgiunge l'individuo dalla specie, la parte all'insieme, il vuoto dal pieno, il nulla dal tutto, la cellula dall'organismo complesso, la vita dalla morte. La nostra paleopsiche non concepisce le distanze e le dualità.

Il pensiero analogico vive in un mondo in cui ogni cosa rimanda all'altra in virtù della sua appartenenza a una cosmologica complessiva.
Mentre quello digitale racchiude, limita, ingabbia nella sua essenza la dualità, il pensiero analogico libera.
Quindi all'origine degli atti liberatori c'è il pensiero analogico.

Antonio Bertoli prescrive atti liberatori che chiama "atti poetici". L'atto poetico si rifà al pensiero analogico, al linguaggio del sogno, del mito, che opera per immagini e simboli. Per Bertoli la poesia, da cui nasce l'atto poetico, è quasi l'unico campo rimasto fuori dal pensiero digitale e, anzi, si oppone attivamente a questo.

La poesia dà voce all'essere più profondo. È della poesia che tutti abbiamo veramente bisogno per rinascere, migliorare, crescere e guarire.

La poesia, arte magica, fa delle parole l'evocazione di un'immagine, e quest'immagine è la mutazione del presente e della realtà. «La poesia è la ribellione dell'essere contro le mura in cui lo vogliono costretto, la borraccia che ti fa sopravvivere nel deserto, la coperta che ti protegge dal vento freddo, la trasformazione dello statico in mutevole, l'unione tra il bene e il male, l'alchimia che unisce gli opposti [...]. La poesia è l'atto creativo per eccellenza: dare densità all'immateriale, realtà a ciò che non ha realtà (...) Dare voce al silenzio. Esprimere l'infinito nell'effimero. La poesia non ripete, vive. Il suo tempo è il presente che non ha né passato né futuro» (A. Bertoli).

Per fare un esempio di poesia moderna, prendo il testo di *Stranamore* di Roberto Vecchioni. Ne utilizzo alcune strofe, semplificando il ritornello:

1ª strofa
È lui che torna a casa sbronzo quasi tutte le sere
E quel silenzio tra noi due che sembra non finire
Quando lo svesto lo rivesto e poi lo metto a letto
E quelle lettere che scrive e poi non sa spedirmi

Forse lasciarlo sulle scale è un modo di salvarmi

Forse non lo sai ma pure questo è amore...

2ª strofa

E tu che hai preso in mano il filo del mio treno di legno,

Che per essere più grande avevo dato in pegno

E ti ho baciato sul sorriso per non farti male,

E ti ho sparato sulla bocca invece di baciarti

Perché non fosse troppo lungo il tempo di lasciarti

Forse non lo sai ma pure questo è amore...

4ª strofa

E il primo disse: «Ah sì, non vuoi comprare il nostro giornale?»

E gli altri: «Lo teniamo fermo tanto per parlare»

E io pensai ora gli dico: «Sono anch'io fascista»

Ma a ogni pugno che arrivava dritto sulla testa

La mia paura non bastava a farmi dire basta

Forse non lo sai ma pure questo è amore...

5ª strofa

E il più grande conquistò nazione dopo nazione

E quando fu di fronte al mare si sentì un coglione

Perché più in là non si poteva conquistare niente

E tanta strada per vedere un sole disperato

E sempre uguale e sempre come quando era partito

Forse non lo sai ma pure questo è amore...

6ª strofa

Bello l'eroe con gli occhi azzurri dritto sopra la nave

Ha più ferite che battaglie, e lui ce l'ha la chiave

Ha crocefissi e falci in pugno e bla bla bla fratelli

E io ti ho sollevata figlia per vederlo meglio

Io che non parto e sto a guardarti e che rimango sveglio

Forse non lo sai ma pure questo è amore...

Qui il tema sono i vari tipi di amore (pure questo è amore) ma ci interessa la profonda capacità evocativa del cantautore nel creare con poche righe scenari senza tempo e senza spazio che si fondono in un'unica atmosfera.

La prima strofa parla dell'amore di una donna sposata che si prende cura di un marito alcolizzato. L'unico modo per salvarsi è prendere la difficile decisione di lasciarlo. Pure questo è amore.

La seconda strofa parla di un uomo che, non più innamorato, lascia la compagna. La donna lo ha fatto crescere e per questo le è grato, ma la passione è finita e affronta con risolutezza la situazione. Pure questo è amore.

La quarta strofa non è chiara e per questo ancora più evocativa. Un gruppo di comunisti ferma un ragazzo che si rifiuta di comprare il loro giornale, un uomo assiste alla scena e è tentato di intervenire in suo aiuto, dichiarandosi lui stesso fascista. Ma non ne ha coraggio, la paura lo blocca. Vorrebbe intervenire, sicuro di venire malmenato per salvare uno sconosciuto. Pure questo è amore.

La quinta strofa parla di un grande generale, che si chiede che senso abbia la sua vita. L'autore si riferisce a certi momenti della vita quando si scopre l'inutilità di quello che si è fatto e si deve ricominciare da capo. Trovare la forza per ricostruire tutto è amore per la vita. Pure questo è amore.

Nella sesta e ultima strofa si parla della forma forse più nobile e più dolorosa d'amore: il dolore di un padre, che vede partire la figlia e che, seppur soffrendo, la lascia andare. La ama, ma la lascia andare. Pure questo è amore.

Miti, storia, sogni e fantasmi hanno dunque una lingua più densa di quella delle parole, ricca di immagini, metafore (immense) e simboli (innumerevoli) che sono sicuramente meno espliciti delle parole, ma più ricchi, densi e profondi del linguaggio verbale. Ho scelto il testo di questa canzone per spiegare l'origine dell'atto nel linguaggio evocativo; un linguaggio che richiama, evoca nel profondo, sottende, veicola e scuote.

Esempi di atti liberatori

Esamineremo qui alcuni esempi di atti liberatori preposti a sanare problematiche specifiche facendo riferimento agli atti consigliati da Jodorowsky. *L'atto presenta un alto grado di unicità, è come un vestito su misura, le proporzioni del corpo, la lunghezza delle maniche, un mezzo centimetro in più o in meno, la stoffa con cui è confezionato, il filo, le tasche interne.*

Vi darò idee e spunti di atti, ma per ogni consultante c'è un atto personale per la sua problematica in relazione al suo passato, al suo albero, al suo sentito, al suo Enneatipo.

Atti liberatori per la patologia degli archetipi primari (per le donne)

Indossate solo mutande rosse (potenzia il genere sessuale infondendo energia). Per ogni uomo che si incontra, dire mentalmente: «Grazie per essere un uomo» per 5 settimane. Fare una donazione a un'associazione per donne maltrattate, contro l'infibulazione, a sostegno delle ragazze madri ecc.

Se in quanto donne avete una timidezza che vi limita nell'alzare la voce al momento giusto, nel muovervi e nell'esprimere i sentimenti liberamente, si consiglia di partecipare a un corso di danza del ventre (per recuperare i movimenti naturali femminili) o seguire corsi di canto per imparare a far uscire la voce dal basso ventre e non solo dalla gola. Potete anche iscrivervi a un poligono di tiro per imparare a sparare con pistole o fucili. Ciò ridurrà l'aggressività e vi insegnerà a esprimere con sicurezza pensieri e emozioni.

Se avete un albero con donne non sposate o coppie saltate o infelici, e vi sentite risucchiate da questa fedeltà familiare non avendo ancora una relazione, fate *una guarigione per contatto:* trovate una donna che sia stata sposata per più di 20 anni e chiedetele di collocarvi una mano sulla fronte e di benedirvi. Ripetete lo stesso gesto con altre 10 donne che siano state sposate per più di 20 anni.

Scrivete un breve libro sul vostro albero genealogico e date a ciascun membro della vostra famiglia quello che non ha ricevuto: una storia d'amore appassionata, successo professionale, una vita avventurosa, una maternità o una paternità, stabilità emotiva, salute e così via.

Se una donna sta avendo difficoltà con gli uomini perché non riesce a fidarsi di loro, può prendere 10 lezioni di tango argentino. Il tango impone alla donna di fidarsi dell'uomo.

Createvi un gioiello originale, disegnatelo e fatevelo realizzare: metà in argento e metà d'oro giallo a simboleggiare l'unione del maschile e del femminile e quindi l'equilibrio degli archetipi.

Genitori disuniti

Se avete avuto i genitori separati o in perenne conflitto, e quindi disuniti, ciò potrebbe compromettere, per fedeltà familiare, la possibilità di creare una coppia stabile. Fate quanto segue: tatuatevi sulla pianta dei piedi una luna a sinistra e un sole a destra, a simbolo del maschile e del femminile uniti.

Lutto per un aborto

Un metodo per superare il trauma di un aborto consiste nel dare un nome al bambino abortito e scegliersi una statuetta di angelo su cui scrivere il nome scelto e tenerla in camera da letto in vista. Poi, per pochi minuti al giorno, per un anno fare mentalmente vedere una cosa bella vissuta durante la giornata: il sapore di un buon piatto, il sorriso di un amico, il cielo all'imbrunire ecc.

Scaduto l'anno, usando palloncini gonfiati a elio, liberate l'angelo in un luogo all'aperto o vicino al mare. Osservatelo finché scompare in cielo.

Collera repressa

Occorre anzitutto identificare l'aggressore: prendere un'anguria e incollarvi sopra una foto della persona, poi prenderla a bastonate fino a distruggerla. Con la polpa fare una marmellata, il resto seppellirlo e piantaci sopra una pianta. Oppure potete utilizzare un pallone e prenderlo a calci dopo avervi applicato sopra la foto della persona per cui nutrite ancora rancore, fino a che vi siete sfogati; poi ricoprite il pallone di miele e lanciatelo in un fiume.

Contratto di genitorializzazione

Se dall'esame dell'albero scoprite che siete stati genitorializzati, andate alla tomba del padre o della madre (del genitore che vi ha genitorializzato) con un indumento simile a quello che usava indossare il nonno che si rappresenta e con il nome del nonno/a scritto sulla fronte in rosso.

Parlate al vostro genitore: ditele/gli che lui/lei (figlio/a) non era il padre o la madre che avrebbe voluto e di cui aveva tanto bisogno, ma che era soltanto suo/a figlio/a che lo/a amava molto e non poteva corrispondere al suo desiderio di padre/madre; poi ringraziatelo/a per tutto quello che ha fatto per voi, pulite la tomba e lasciategli/le un vasetto di miele come dono. Andate sulla tomba del nonno o della nonna e lasciate il vestito, restituendogli/le l'identità, assieme a un altro vasetto di miele come simbolo di dolcezza. Ringraziatelo/a e andatevene.

Sesso sbagliato

Se i vostri genitori volevano un maschio e siete nate bambine, per 18 giorni, per la durata di 3 minuti al giorno, mettetevi completamente nude davanti a uno specchio di casa che vi inquadri completamente dove, sul lato sinistro, avrete posto una foto di vostra madre e, sul lato destro, una di vostro padre e, per il tempo specificato, dite che donna meravigliosa siete: i vostri pregi, le vostre potenzialità, i vostri sogni.

Al termine della sessione, girate le foto dei genitori. Terminati i 18 giorni, prendete le due foto, portatele in campagna, seppellitele e interratevi sopra una pianta; poi, indossando una gonna e un rossetto rosso, entrate nel primo bar che incontrate e, offrendo da bere a tutti gli avventori del momento, brindate ad alta voce al primo giorno della vostra nuova vita.

Depressione

Se dall'esame dell'albero riscontrate che provenite da una famiglia i cui membri non hanno mai avuto la gioia di vivere, e per questo siete spesso depressi, trovate un albero secco e inchiodategli sopra le fotografie dei familiari e una vostra di quando eravate piccoli e, in particolare, di quando avete subito un particolare abuso. Incendiatelo e, sulle ceneri, pianterete un nuovo alberello da frutto.

Paura di fallire

Avete paura di un fallimento imprenditoriale e vi rendete conto che la vostra infanzia è piena di frasi del tipo «Trova un posto di lavoro sicuro», «La libera impresa è rischiosa», «Se investi il denaro, lo perdi».

Per liberarvi di queste convinzioni più o meno radicate potete restituire simbolicamente a vostro padre, a vostra madre o a entrambi, il concetto di denaro realizzando questa restituzione simbolicamente e metaforicamente.

Indossate un cappello da operaio (se il padre è operaio) o di paglia, se le tradizioni sono contadine, o un cappello di vostra madre (se tale convinzione proviene da lei) con sotto una banconota da 200 euro, per 7 giorni, poi portate la banconota e il cappello a vostro padre o a vostra madre dicendo: «Queste due cose sono tue, ti restituisco il tuo concetto di denaro». E ve ne libererete.

Partner verbalmente violento

Se un uomo o una donna vivono con un partner facile agli eccessi d'ira e che di continuo lo/la insulta, noteremo che il/la consultante è stato/a educato/a da un padre o da una madre simili. Scrivete su etichette autoadesive tutti gli insulti che gli/le vengono rivolti nell'arco di 28 giorni. Poi prenderete la moglie o il marito per il collo e, con la pallina creata da queste etichette arrotolate, gli/le strofinerete sulla bocca la palla di carta dicendo: «Ti amo, ti amo, ti amo, ti amo». Poi mandate la pallina per posta al genitore iroso o, se defunto, depositatela sulla sua tomba.

Desideri di altri

Se ci accorgiamo di fallire perché non stiamo realizzando il sogno di un familiare o delle ambizioni non realizzate della nostra famiglia (ad esempio il padre che voleva la carriera di medico o di ufficiale per il figlio), portiamo al familiare o alla sua tomba il simbolo di questo sogno non realizzato (la valigetta da medico o il cappello da ufficiale) accompagnato da un barattolo di miele aperto, sulla tomba, o dal dolce preferito dal genitore in vita.

Lasciateli dicendo «Lascio a te i tuoi desideri con rispetto e amore e adesso realizzo i miei».

Disinnamorarsi

Nel caso del mal d'amore, le parole sono vane: spiegare, fare discorsi logici, razionali e pieni di buon senso ha poca o nessuna utilità su un cuore innamorato infranto.

Chiedete collaborazione a un buon amico, a un fratello oppure al genitore di sesso opposto. Spiegate che dovete sottoporvi a un "intervento chirurgico metaforico" per estrarre il cuore innamorato. Vi stenderete sul tavolo in una stanza illuminata solo da una candela. Sulla regione del cuore, appoggerete 7 piattini di tè che sosterrete con una tazza. Questi piattini saranno posizionati sopra il cuore, uno sopra l'altro, formando una piccola pila. Il chirurgo comincerà a picchiare con un martelletto i piattini, prima leggermente, poi sempre più forte, fino a rompere il primo.

Uno alla volta, spaccherà i sei piattini che restano. Poi pulirà la zona del cuore con un profumo floreale che il malato d'amore avrà scelto precedentemente e vi schiaccerà sopra una mezza pesca sciroppata dicendo: «Ti ho liberato dal tuo vecchio cuore, l'innamoramento ti ha lasciato a pezzi. Ora ti do un nuovo e fresco cuore». Massaggerà con un'altra mezza pesca sciroppata la pelle, come se volesse introdurla dentro al petto, e la spappolerà. Il chirurgo dirà: «Ora hai un nuovo cuore e il tuo volto cambierà».

Infine, indosserete slip/mutande rosse per dar forza al sesso ritrovato e ai nuovi impulsi che si rigenerano e, dopo avere disperso i cocci in un fiume, o in un tombino andrete con l'amico "chirurgo" in un bar, a mangiare un dolce.

RIEPILOGO DEL CAPITOLO 6:

- SEGRETO n. 1: l'esame dell'albero porta a elevare il livello di coscienza.

- SEGRETO n. 2: la narrazione di un albero è un atto liberatorio.

- SEGRETO n. 3: liberiamo l'albero quando ci proponiamo un fine sociale che abbraccia anche gli altri.

- SEGRETO n. 4: il pensiero analogico è il fondamento su cui si fonda la genesi dell'atto liberatorio.

- SEGRETO n. 5: l'atto liberatorio è un atto concreto e ispirato che riconduce all'essenza del consultante.

- SEGRETO n. 6: l'atto liberatorio introduce un elemento distonico, ma ispirato, che eleva il livello di coscienza e mette in collegamento il conscio con l'inconscio.

Il caso di M.

Presento il caso di M., che mi contatta per scoprire le origini del suo cancro osseo al polso destro, operato con successo 6 mesi prima. L'esame dell'albero ha comportato un'analisi completa di cui riporto un estratto a titolo esemplificativo. Mi concentrerò su quanto richiesto dalla consultante. M. ha 44 anni ed è Enneatipo 8.

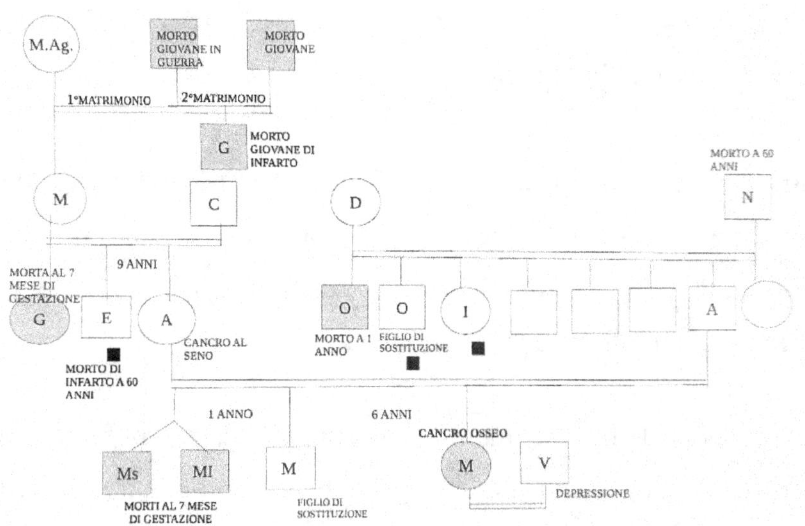

Ramo materno

Dall'esame dell'albero si deduce che probabilmente il nonno C., che lavorava all'estero, era infedele, aveva una doppia famiglia o era rimasto emozionalmente legato a un precedente amore, si trattava di un segreto che si è scoperto dal parto di 2 gemelli maschi (doppia faccia del padre) nella fratellanza della consultante (M.).

Quando nascono 2 gemelli dello stesso sesso significa che c'è una doppia faccia del padre (o madre, a seconda del genere sessuale) e, quindi, o viveva una situazione come ho esposto sopra, oppure alla morte del padre la madre si è risposata in breve tempo. In questo caso è probabile l'infedeltà.

Ribadiamo che qui non attribuiamo colpe o responsabilità ma, con rispetto e umiltà, chiariamo situazioni nascoste che sono per noi causa di disagi e malattie. La conoscenza rende liberi e l'energia all'interno dell'albero torna a circolare.

A. (la madre della consultante) "condanna" il padre con la morte prematura dei 2 figli maschi gemelli. M. (la madre di A.) coniugalizza il figlio maschio E. (quindi M. e C. erano una coppia saltata, anche perché lui lavorava all'estero e rientrava pochi mesi all'anno) che non si sposa mai e non fa figli, tipica indicazione di un contratto di coniugalizzazione, e muore a 60 anni d'infarto (perdita di territorio): il territorio di essere uomo come si desidera, crearsi una famiglia e avere figli e non essere il coniuge della madre.

M., la madre di A., ha anche una prima figlia che muore al settimo mese di gestazione: ciò mostra che aveva un problema anche con la madre (M.Ag.). Andando a salire nelle generazioni, si vede che M.Ag., dopo un primo matrimonio il cui marito muore giovane e da cui ha una figlia femmina (M.), si risposa e ha un figlio maschio. Anche il secondo marito muore giovane, così come il figlio maschio, che muore giovane, d'infarto.

Quindi M.Ag. sceglie 2 mariti che muoiono giovani, ha una figlia femmina dal primo marito e un figlio maschio che muore giovane d'infarto. Qui significa che ha avuto problemi profondi con i suoi genitori, forse un abuso o un bambino dato via, o un'infedeltà con figli fuori dal matrimonio. Questa situazione va costellata per liberare l'albero. Quindi la condanna, cioè il fantasma transgenerazionale "gli uomini devono pagare", scende nelle generazioni esplicandosi con la morte dei 2 gemelli nella fratellanza della consultante.

Ramo paterno

Dall'esame del ramo paterno si vede che A., il padre della consultante, faceva parte di una fratellanza numerosa (8 figli). Non si è sicuri sugli aborti. Si sa che il primo figlio, O., muore avvelenato perché la madre lascia incustodita una bottiglia di candeggina e lui la beve. Il secondo figlio, chiamato come il primo, è quindi un "figlio di sostituzione", con tutte le ripercussioni che sappiamo; non si sposa e non fa figli. Anche la terzogenita, I., non si sposa e non fa figli: sono stati genitorializzati.

I nonni paterni della consultante sono composti da una donna che muore oltre gli 80 anni e un marito che muore relativamente giovane, a 60 anni. Anche i genitori di D. (la nonna paterna) vanno costellati: c'è una condanna del maschile con la morte relativamente precoce del marito ma, soprattutto, con la morte a un anno di età del primo figlio maschio. La condanna del maschile scende nelle generazioni e si esplica con la morte dei gemelli maschi figli di A.

C'è quindi una patologia degli archetipi primari che si esplica con morti precoci di bambini e tra i discendenti adulti e con difficoltà nei rapporti di coppia. Su M. il fantasma transgenerazionale si esplica in una patologia grave collegata ad *atti maldestri* che hanno comportato la morte di bambini piccoli e in gestazione.

Secondo le 5 leggi biologiche, il conflitto del "cancro osseo" è un conflitto di perdita della stima di sé, cioè un conflitto di crollo dell'autostima che può essere sentito in modi differenti. La svalutazione nella capacità di tenere in pugno la situazione, di gestire, dirigere e comandare si esplica in un'osteolisi dei polsi.

Il cancro osseo può implicare anche un atto grossolano e maldestro. Il trauma scatenante (DHS) nella sua biografia è una perdita di controllo: il marito cade in depressione e fatica a convincerlo a farsi aiutare. Non tiene più in pugno la situazione. Considerando che la consultante è un Enneatipo 8, questo per lei è un trauma intenso e profondo.

Dall'esame dell'albero di M. vediamo che in entrambi i rami ci sono stati atti maldestri che hanno provocato la morte di un bambino e quindi un trauma profondo: la nonna paterna lascia incustodita la candeggina e il primo figlio la beve e muore; la nonna materna, al settimo mese di gestazione di una bambina, afferra male il corrimano e cade, la bambina nasce prematura e muore poco dopo per un'infezione.

Anche la madre della consultante ha un'esperienza simile: durante la gestazione della prima gravidanza di 2 gemelli, al settimo mese, solleva un peso e sente uno strappo interno, i gemelli nascono prematuri e muoiono poco dopo la nascita. Tornando alla richiesta della consultante, il trauma transgenerazionale è un atto maldestro che si esplica nel suo cancro osseo al polso destro.

Per liberare l'albero le prescrivo i seguenti atti:

1° atto. Organizzare un battesimo dell'aria e lanciarsi con il paracadute con un maestro esperto. Spiegare al maestro che, al momento dell'attivazione del paracadute, dovrà posare la mano destra sul suo avambraccio per sentire il muscolo in azione che "salva la vita" a entrambi. Scegliere un istruttore uomo creerà una complicità e innesterà un senso sicurezza per gli uomini. Il messaggio da inscrivere è "Gli uomini salvano la vita". Per un Enneatipo 8, abituato ad avere il controllo della situazione, questo atto sarà fonte di evoluzione.

2° atto. Prendere 10 lezioni di tango argentino indossando dei bracciali di stoffa confezionati dalla consultante; a destra di stoffa dorata e a sinistra di stoffa argentata, a simboleggiare "la coppia unita", per compensare le coppie saltate del suo albero. Per un Enneatipo 8, propenso a desiderare che gli altri si abbandonino mentre rimangono in uno stato di controllo, il tango argentino impone alla donna di lasciarsi condurre dal partner.

3° atto. La consultante deve andare alla tomba della bisnonna M.Ag., collegare un filo di lana rosso alla lapide e l'altro estremo legarlo al polso destro e dire: «Cara bisnonna, so che la tua vita è stata difficile e ora conosco più cose di te, non so nel dettaglio cosa ti sia successo con i tuoi genitori, ma la tua forza è anche la mia. Ti voglio tanto bene e, ti prego, guardami con benevolenza se vivo una vita sana, lieta e appagante. Ti onoro e ti rispetto».

4° atto. Fare un disegno, un dipinto o un collage con l'immagine della nonna M. bambina, con la madre M.Ag sorridente e il padre vestito da soldato che torna sano e salvo dalla guerra. Metterlo in una cornice d'argento e appendetelo in casa.

Conclusione

Dopo avervi presentato i concetti teorizzati dai miei giganti e aver esposto il mio contributo, vi consiglio di *pulire il vostro albero* e autorizzarvi al successo e al pieno benessere fisico, emozionale e professionale.

Sanando la vostra genealogia con la narrazione dell'albero, con le Costellazioni familiari e con gli atti liberatori, guarirete non soltanto voi, ma anche i vostri familiari, i vostri figli, e migliorerete il mondo intero. A tal proposito, ho elaborato una tecnica di consulenza che unisce gli argomenti esposti in questo libro che ho chiamato *Costellazioni genealogiche.*

L'analisi approfondita dell'albero e la sua narrazione possono essere già risolutive per comprendere e risolvere le cause dei disagi fisici e emozionali.

Con le 5 leggi biologiche e l'Enneagramma delle personalità ho la possibilità di comprendere e approfondire. Infine, la messa in scena, quando necessario, di una Costellazione, con il gruppo o individuale, e la prescrizione di atti liberatori completano la consulenza.

L'analisi dell'albero e le Costellazioni familiari possono essere svolte anche individualmente con incontri singoli (anche via Skype) avvalendosi di oggetti simbolici (playmobile).
In molti casi la sola lettura dell'albero è sufficiente per la prescrizione di atti liberatori.

Pertanto, se vi è piaciuto questo libro e se siete interessati a pulire il vostro albero, contattatemi su:

- www.sabrinagervino.it
- gersabrina2@gmail.com

Se inoltre desiderate imparare questa tecnica di consulenza, ho creato un corso online dove sarete presi per mano alla scoperta di tutto ciò che vi serve per la lettura approfondita di un albero e la creazione degli atti liberatori:

- https://sabrinagervino.com/la-genealogia-che-libera

Ecco infine un consiglio da mettere in pratica sin da subito. Se desiderate migliorare e dare una svolta alla vostra vita, in qualsiasi situazione voi siate ora, figli di un re o barboni, sani o malati, disperatamente single o felicemente accompagnati, seguite questi 2 semplici precetti: siate grati e siate di parola!

Sviluppare e ampliare il sincero e profondo senso di gratitudine è qualcosa di essenziale, fondamentale per la vita di chiunque. Non è qualcosa che si ottiene nell'immediato, ma con un po' di pratica migliorerete e la vostra vita cambierà in meglio. Siate indulgenti con voi stessi e, se ci saranno giorni in cui, invece di ringraziare, vorrete rompere dei piatti... tranquilli, succede!

Ma quello che potete iniziare a fare da subito, e che cambierà la vostra vita, è questo: mantenete la parola data. Quello che promettete, mantenetelo. Rispondete ai messaggi, rispettate gli appuntamenti e, se promettete a un amico di chiamarlo per un'uscita, fatelo, avrete meravigliose sorprese.

Rispondete e prendete posizione anche con un "No, grazie". Siate coraggiosi, vi stimeranno. Siate di parola anche per le piccole cose, possono essere forse di poco conto per voi, ma rilevanti per gli altri.

E non procrastinate... l'energia si blocca.

Il mondo funzionerà meglio e, per il principio della legge d'attrazione, l'Universo vi ascolterà e, come voi manterrete la parola data, l'Universo esaudirà i vostri desideri rispettando il precetto: "Chiedi e ti sarà dato".

Splenditi cavalieri e coraggiose donzelle,
buona vita!

Ringraziamenti

Ringrazio l'Universo per avermi dato l'occasione e l'ispirazione per scrivere questo libro attraverso il quale onoro e ringrazio i miei giganti.

Ringrazio gli studiosi dei cui insegnamenti mi avvalgo per svolgere il lavoro di consulenza e di didattica.

Grazie al dott. Hamer per la sua perseveranza, l'integrità morale, l'anticonformismo.

Ringrazio Antonio Bertoli per le preziose scoperte; ovunque sia in questo momento, sento che ne sta facendo altre.

Grazie a Bert Hellinger per le sue scoperte meravigliose portate avanti con grande semplicità e umiltà.

Grazie a Alejandro Jodorowsky, spirito libero, che con le sue opere incita a seguire i propri sogni; lo ringrazio per la sua "follia", il suo genio, la sua particolare "umiltà".

Ringrazio i miei genitori, fonti di evoluzione. Grazie per il dono più grande che ci possa essere: la vita.

Ringrazio i miei nonni e i miei avi, tutti, indietro nelle generazioni. Porto tutto di voi e sono il risultato dei vostri "errori" e dei vostri successi.

Ringrazio Stefania, perfetta sorella che mi ha sempre aiutato e supportato.

Ringrazio Andrea, compagno di vita, che mi ha sostenuto nel percorso evolutivo, senza giudizio, lasciandomi tentare e anche sbagliare.

Ringrazio i miei amici che si sono entusiasmati al progetto di questo libro, dandomi la carica e il giusto spirito. Grazie di cuore!

Ringrazio di cuore tutti i miei consultanti che mi hanno aiutato nella scelta dell'immagine di copertina e che hanno riposto fiducia in me, tanta e tale da consigliare le mie consulenze ad altri. In particolare Caterina, Cristina, Gabriella e Serenella che, con il loro passaparola, mi hanno ben sponsorizzata.

Ringrazio i miei due allenatori sportivi Luca e Luis: il grado di professionalità che mettono in ogni lezione che conducono mi stupisce ogni volta.

Ringrazio Roberto Vecchioni, le sue canzoni-poesie hanno stimolato in me l'amore per la storia e la sociologia che mi hanno permesso di comprendermi meglio.

Ringrazio Don Andrea Gallo per ciò che mi ha insegnato sul denaro.

Ringrazio i miei insegnanti che mi hanno guidato nel mio percorso di vita.

Grazie ai miei editor Mariele Bado, Claudio Aurigemma e Roberto Bizzarri della Bruno Editore, che mi hanno supportato e sostenuto in questo percorso con professionalità e pazienza.

Grazie a tutti di cuore!